知·趣

沈周六记

汤志波
秦晓磊
主编

浙江古籍出版社

图书在版编目(CIP)数据

沈周六记 / 汤志波， 秦晓磊主编 . -- 杭州 : 浙江古籍出版社， 2020.9

（知 · 趣丛书）

ISBN 978-7-5540-1770-8

Ⅰ . ①沈… Ⅱ . ①汤… ②秦… Ⅲ . ①沈周（1427-1509）—人物研究—文集 Ⅳ . ① K825.72-53

中国版本图书馆 CIP 数据核字（2020）第 128661 号

沈周六记

汤志波　秦晓磊　主编

出版发行　浙江古籍出版社

（杭州市体育场路 347 号）

网　　址　www.zjguji.com

责任编辑　伍姬颖

责任校对　吴颖胤

封面设计　吴思璐

责任印务　楼浩凯

照　　排　杭州时代出版服务有限公司

印　　刷　浙江新华印刷技术有限公司

开　　本　710mm×1000mm　1/16

印　　张　14.75

字　　数　200 千字

版　　次　2020 年 9 月第 1 版

印　　次　2020 年 9 月第 1 次印刷

书　　号　978-7-5540-1770-8

定　　价　98.00 元

引

本书可视作对沈周（1427—1509）个人生活及其所处世界的一次导览。通过“观”“居”“游”“友”“隐”“忧”六个方面的深入解读，呈现沈周生活、艺术、心灵的丰富细节。透过遗存的诗文绘画，还原一位生活在明代中叶、居住在苏州乡下、终生不曾远游的文士之所见、所思、所感，展示沈周如何在生活中获得艺术的灵感与心灵的力量：对乐趣的发掘，对忧患的豁达。

作为隐逸文人，沈周从未出仕，却以其优异的绘画、诗文创作及在文艺界的巨大影响力，在世时即被推为吴中文坛领袖，《明史》评之曰“风流文彩，照映一时”。在今天，沈周同时受到美术史界、文学史界的持续关注。学者们的不懈努力与深入发掘，使得沈周风格鲜明、独树一帜的画家兼诗人的形象越来越清晰，但与此同时，作为一个有血有肉有感情的个体沈周，反倒因其艺术家形象的不断被构建和重塑而渐行渐远。沈周在生活中体验到的快乐与困顿，隔着历史烟云，被一代代史家的述说所遮蔽，变得越来越模糊。

学术研究体系发展所带来的学术专业化，使得研究对象被剖解为一个个侧面，在不同的学科体系下呈现出不同面向，乃至有碎片化的倾向。就沈周为学界所关注的文艺才能而言，其在诗书画方面的成就，本为一体，不可分割。从沈周传世的具体作品来看，往往既有画，又有诗，诗以法书的形式存在于画面之上，诗书画一体，正是文人绘画及与之相关文艺活动的典型特征。今天我们通过刊印成册的诗集来把握和还原沈周在诗文上的成就，而诗集中收录的大量诗作，最初则是以题画诗的形式创作、阅读、传播，与笔墨构成的画面、法书一道，被制作、展示和观看。沈周文艺才能的发展，又与其生活在其中的、不断体验着的世界密切相关。出现在沈周生活中的人与物，都或多或少地参与乃至塑造了他的艺术面貌。

学术写作格外强调客观，要求对研究对象保持一种冷静的观察态度，以追求历史之真实，然而稍有不慎就容易失掉人文关怀的初心。本书尝试打破学术写作的固定视角与思维，从沈周本人的视角出发，描述他在生活中的见闻与感受，试图还原与呈现出一个立体而丰满的沈周，将沈周为对抗世俗世界而创作的文艺作品，尽可能地还原到与之生活相关的细节中去。正是本书中花费了大量笔墨所呈现出来的一个个丰富的细节，构成了沈周文艺活动的背景音。了解这些细节，有助于更好地理解沈周其人其艺。

本书的六位写作者，都是在沈周研究领域不断耕耘的青年学者。就今日学科体系划分而言，三位来自美术史界，三位来自文学史界。对于六位作者来说，此书既是对日常学术写作方式的一次打破，也是一次深入沈周心灵的旅行与对话。得益于各自领域的学术训练，在使用材料时能够秉持严谨；也得益于经年累月对沈周生活与艺术的观察与探求，在转换视角时才能够得心应手。

书中涉及的问题，或大或小，但无疑是每一个普通人在生活中都会经历和思索的。沈周喜欢看什么，吃什么？他如何观察和看待身边的事物？是为“观”。沈周的居住环境如何，他日常居家会做些什么？是为“居”。沈周自言生平好游，他都去过哪些地方，饱览过什么景致？是为“游”。沈周与谁交好？他们相聚时说些什么，做些什么？是为“友”。沈周为何不出仕？他如何发掘隐居生活中的乐趣？是为“隐”。“生年不满百，常怀千岁忧”，沈周的生活境遇，绝非他诗画作品所传达的那般恬静闲适，他如何排解忧愁，并始终保持乐观豁达的心境？是为“忧”。

在俗世中如何寻求立身之本，发展出更优秀的、更有趣味的自我，对于现代人来说，也是需要终生思考的问题。尽管时空相隔，希望本书所揭示出的沈周，在当下也具有启发意义，或慰藉心灵的作用。

这是一次带有实验性质的写作，恳请方家指正。

秦晓磊

2020年4月18日

目 录

觀

玉泉观鱼

石池本清冽，映日更明透。畜鱼不得藏，巨细百尾凑。

在水若空游，一一见肥瘦。又若在镜中，鳞鬣无差谬。

旅往还旅来，人饵口即就。洋洋得其所，何殊浴沂秀。

深契濠上观，肯袭如棠陋。心赏失归途，昏云黯孤岫。

秦晓磊　中央美术学院人文学院美术学博士，现任职于中国美术出版总社。研究方向为中国美术史，主要关注明清时期的卷轴画。在《故宫博物院院刊》《中国国家博物馆馆刊》《文艺研究》等杂志发表研究文章10余篇。

花　木

成化十五年（1479）春，苏州城中的杏花开得正好。这一日，沈周来到庆云庵观赏杏花。傍晚时分的落雨并未影响沈周看花的心情，雨晴月下的杏花别有一番风致，沈周不禁赞叹道："嫣然红粉本富贵，更借月露添妍清。"（《雨晴月下庆云庵观杏花赋此，明日老僧索作图连书之》）[①] 夜晚的庆云庵分外安静，游人皆散，蜂蝶亦眠，独享杏花倩影与芬芳的沈周颇感惬意，作诗一首记之。

沈周居住和生活的相城，位于苏州城东北处，距城区约五十里[②]。沈周赴苏州城办事或会友，往往就寓居在僧舍之中。僧众知沈周善于作画，常常在沈周借宿时索画；沈周也乐于一展画艺，以答谢僧众的招待。这次也不例外，次日，沈周为庵中老僧作杏花图，并将昨夜所赋之诗一并书于纸上。庆云庵

---

① ［明］沈周撰，汤志波点校《沈周集》，浙江人民美术出版社 2013 年版，第 359 页。本书所引沈周诗文均出自此书，以下不再注明出处。

② "相城，在长洲县东北五十里"。［明］王鏊等《姑苏志》卷三三，台湾学生书局 1986 年版，第 455 页。

中并非只有杏花。成化十四年（1478）三月十日，是一个多云的天气，沈周来到庵中观赏牡丹，是日亦作牡丹图及诗，赠予同游的晚辈徐襄[①]。更早些时候，沈周与李敬敷、杨启同两位友人一道前往竹堂寺探梅，饮酒观梅并作诗绘画："酒酣涂纸作横斜，笔下珠光湿春露。"（《竹堂寺与李敬敷杨启同观梅》）

在名花异卉盛放的时节，与友人一同观景赏花、雅集宴会，是沈周日常生活与社交活动的重要组成部分。成化二十一年（1485），沈周游南京，先后应吴珵、陈音之邀，赴宴赏牡丹。（《吴元玉邀赏牡丹追夜》《陈太常师召邀赏南轩牡丹》）席间皆有诗画，歌咏和描绘的对象正是所观赏的牡丹。诗画完成后，或许就直接赠予宴会中的友人，正如《赏牡丹席上作折枝赠刘德成》诗名所反映的那样。

上述画作皆已不存，推想其面貌，应与《牡丹图》（图 1.1）、《芍药图》（图 1.2）、《杏花图》（故宫博物院藏）、《卧游》册之《杏花》（图 1.3）等相类。

据《牡丹图》诗跋，可知该图为某年三月十八日，沈周夜赏牡丹，呼酒秉烛，乘兴而作："烧灯照影对把酒，露香脉脉浮深杯"，"盈月逼夜，呼酒秉烛赏之，更留此作"。沈周言及此花已六年未曾一观："东禅此花不及赏者，已越六年。""东禅"是苏州城内另一座寺庙。从沈周《挽东禅信公》"我来借宿今无主"来看，东禅精舍应当也是沈周入城借宿之地。

手卷形制的《芍药图》同样由诗跋和图像构成。诗作于北寺庆公水阁，沈周来此消遣，甚感清雅闲适，故作诗答谢。友人陆汝器未及前来，沈周因作图，并重录当日所作诗，以满足其未能同游及观赏北寺芍药的遗憾。

尽管沈周对牡丹的艳丽之姿颇为欣赏，"靓妆倚露粉汗湿，醉窗隔纱红晕明"（《庆云庵牡丹》），但《牡丹图》与《芍药图》纯用水墨写就，展示出有别于宫廷绘画和职业绘画的文人趣味。《杏花图》与《卧游》册之《杏花》

① 参见陈正宏《沈周年谱》，复旦大学出版社 1993 年版，第 142 页。

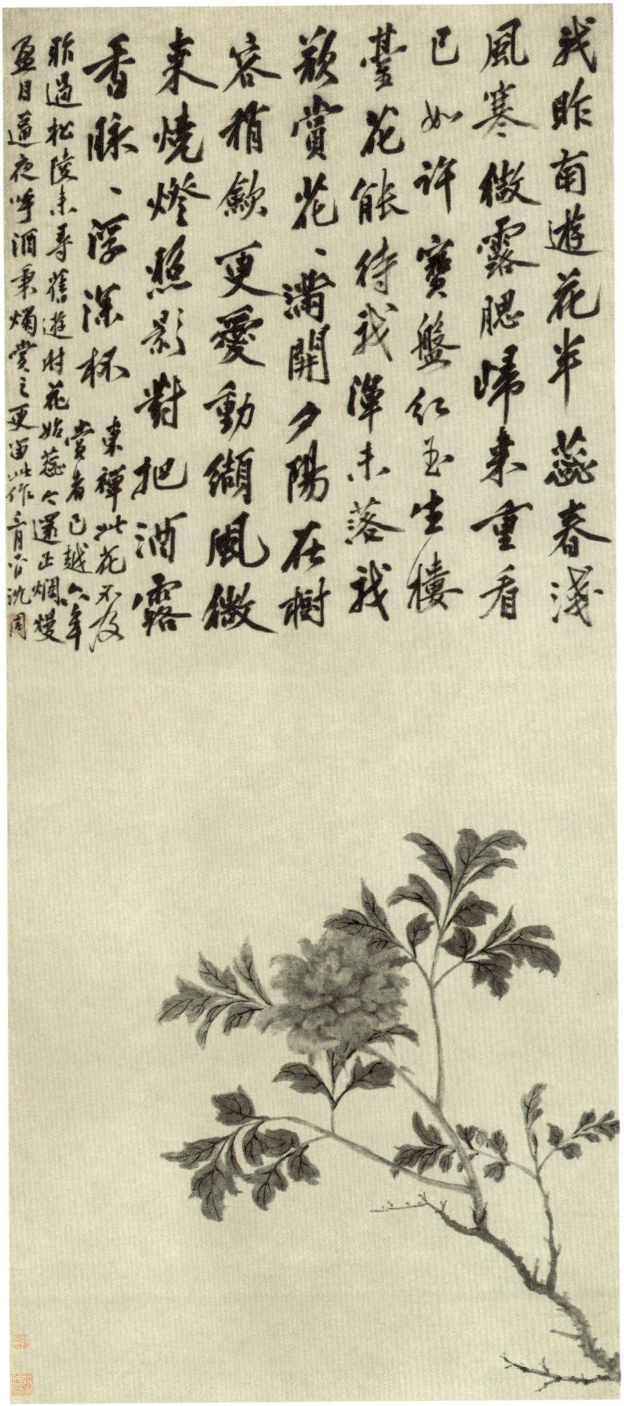

图1.1　沈周《牡丹图》
明　纸本水墨
纵155厘米，横68厘米
故宫博物院藏

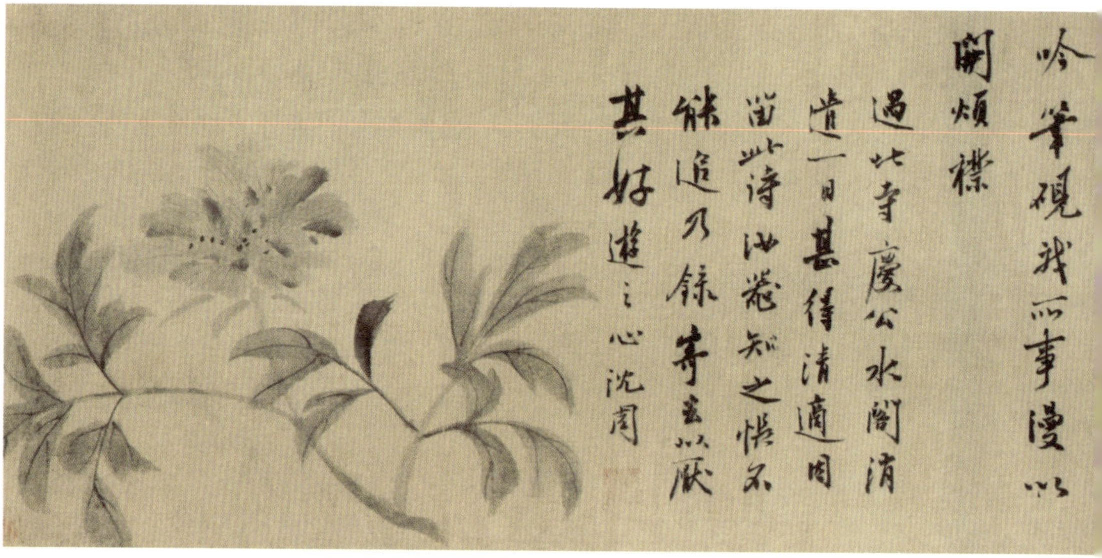

图1.2　沈周《芍药图》　明　纸本水墨　纵32.9厘米，横135.8厘米　上海博物馆藏

为设色之作，颜色清淡，用笔亦简，且题以诗文。笔墨、诗意为作品增加了可供欣赏和玩味的层次。对于如何画花，沈周有自己的见解：

> 凡梅兰，于画家为之自有法行，干着花叶，不可以无传而自得也。今予戏染此纸，纷乱烂漫，颇得草木丛蔚之真。其间自有逸气，使专擅之人观之，必以牝牡求其骊黄也。知逸气者，必曰："刻鹄不害其为鹜矣。"一笑。（《画梅兰》）

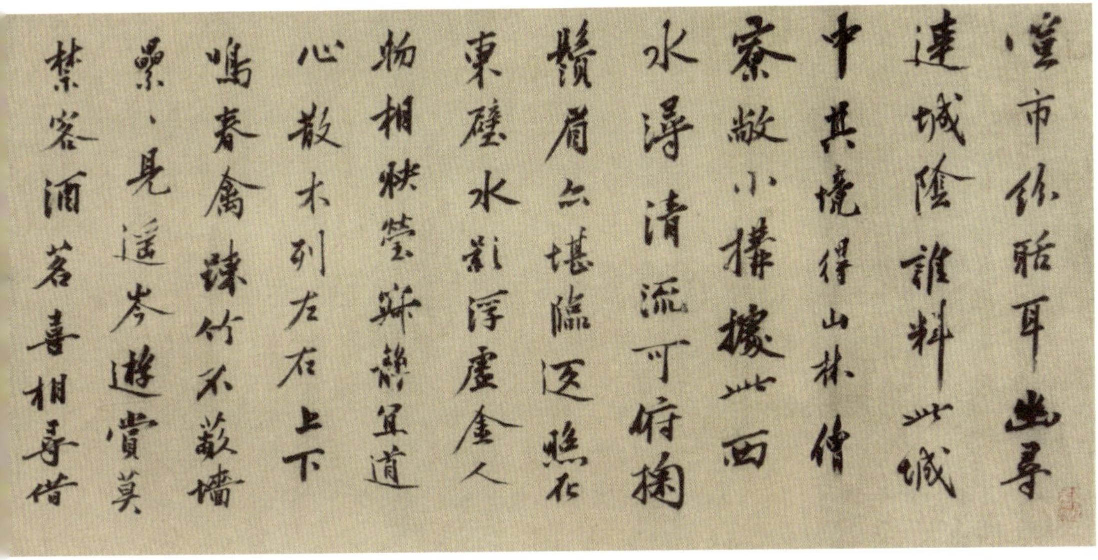

沈周并不着意于对物象表面形态的捕捉，对职业画家所遵循的法则亦不以为然。他的绘画乃戏笔之作，却具有职业画家所没有的逸气，更能传递出事物之真意。

观赏古木亦为沈周及其友人所好。成化十四年（1478）二月下旬，沈周与吴宽（1435—1504）同游虞山致道观（亦作“至道观”），除访昭明太子读书台、丹井等古迹外，还观赏了道观中的七星桧。（《二月二十日与吴匏庵放舟游虞山，舟中见山有作》《舣舟山下，因游至道观，登梁昭明读书台，访徐辰翁丹井，复作一首》）七株古木令沈周颇为惊叹：“七桧交云霞，灵飙散清馥。”据传七星桧是梁

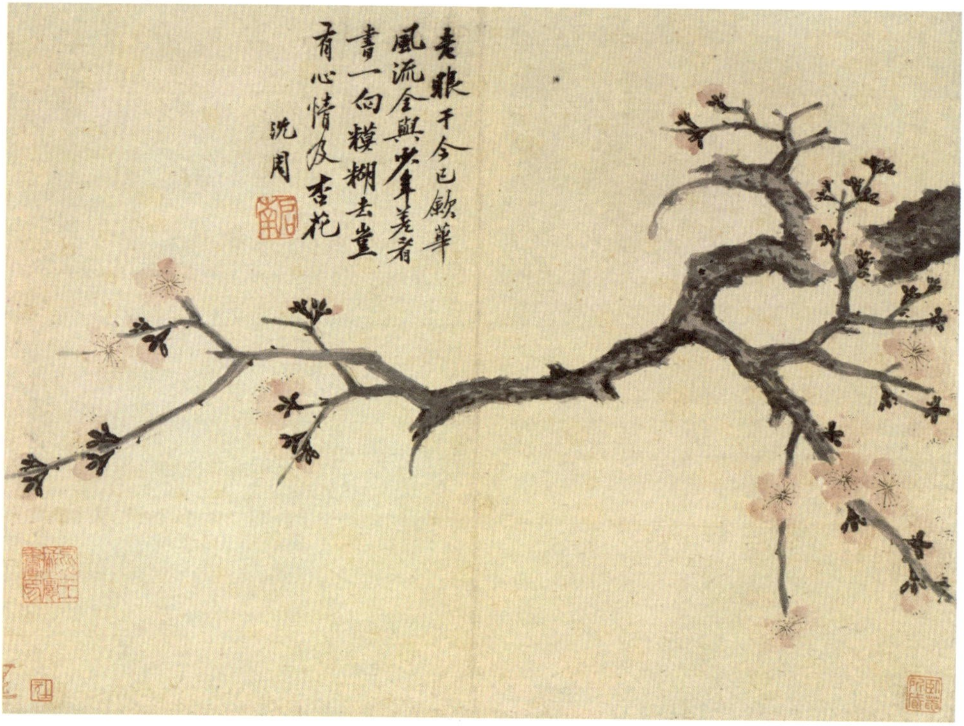

图1.3　沈周《卧游》册之《杏花》　明　纸本设色　纵27.8厘米，横37.3厘米　故宫博物院藏

代天监二年（503），创建致道观的天师十二代孙张道裕手植之物[①]。明中期的苏州人相信，仅三株最古者为原植，余则为后人补植[②]。成化二十年（1484）正月，沈周复游虞山，途中画梁桧并作诗记之，名《四日游虞山画梁桧而回》。现存的两件沈周《三桧图》（分别收藏在南京博物院和日本大阪市立美术馆，图 1.4）皆非真迹[③]，但亦可由仿本推想原作之面貌。两卷皆以截取式的构图，以独立三纸分绘三木，后裱为一卷。这与旅行途中所绘，带有一定写生成分的创作情境相符。弘治五年（1492）三月九日，沈周泛舟虞山，再观七星桧，并作长诗一首，赞其为地方奇观："海虞七星桧，宜为群木冠。列生老子宫，与邑作奇观。"（《七星桧》）

沈周还曾与辽阳人刘献之同游范公先祠，"观外垣三梓"。范公先祠即位于苏州西南天平山中，奉祀着苏州先贤、曾任苏州知府的范仲淹先世三代的忠烈庙[④]。由于范仲淹的历史地位和影响力，及其之于苏州士人的重要象征意义，使得范公先祠与周边的自然风光，在明中期即已成为苏州重要的文化景观[⑤]。祠外三棵梓树，相传为范仲淹手植，沈周观后作诗歌咏之，并绘图以为同行的刘献之赠别。现存《三梓图》（图 1.5），据周鼎题跋，为名"明吉"者复请沈周再作之图。画面主体以浓淡墨色绘三株梓树，两位文士立于树下，

---

① "致道观……梁天监二年，汉嗣天师十二代孙张道裕居此，感异梦，建招真治（致道观）……手植七星桧"。[明]王鏊等《姑苏志》卷三〇，第 414 页。

② 沈周《七星桧》行书卷（湖州博物馆藏）："虞山致道观，有所谓七星桧者，相传为梁时物也，今仅存其三，余则后人补植者。"引自林拯民《沈周〈七星桧〉行书卷考识》，《古籍研究》1997 年第 2 期，第 77—78 页。

③ 参见拙文《与邑作奇观——沈周文徵明笔下的虞山古桧》，《故宫博物院院刊》2018 年第 2 期，第 67—71 页。

④ "忠烈庙，在天平山白云寺，宋文正范公先祠也。公之先，自徐国公而下三世葬此山"。[明]王鏊等《姑苏志》卷二七，第 477 页。

⑤ 参见石守谦《〈雨余春树〉与明代中期苏州之送别图》，载《风格与世变：中国绘画十论》，北京大学出版社 2008 年版，第 230 页。

| 图1.4 （传）沈周《三桧图》 明 纸本水墨 每段纵56厘米，横120.6厘米 南京博物院藏

作交谈状，似在观赏古木，又似在依依话别。考虑到原图为赠别所作，可知沈周经营画面之用心：推想受画人刘献之在离开苏州后，展阅此图，定将回忆起与沈周共同度过的美好时光。沈周还曾为刘献之绘《参天特秀图》（图1.6），以撑满画面的巨大松干与繁茂松针，比拟和赞美刘献之的才干。

沈周眼中并非只有名卉异木。“我随草木生长洲”（《题画寄杨提学应宁》），“自视之乃草木之徒”（《五十八自赞画像》），沈周以草木自拟，故而生长在庭前、屋后、园中、田间等处，容易被人忽视的杂草花木，同样受到沈周的关注。芙蓉、栀子、秋葵、菊花，乃至以往较少入画的鸡冠花、雁来红等，都是沈周笔下的常客。《秋葵图》（图1.7）绘黄秋葵花折枝一株，旁题云：

> 庭前秋葵一枝，欹栏独立，檀心自舒，犹佳人含思清愁，大有可怜之态。第恐一朝萎露，因寄之丹青以永观。

黄秋葵花与黄蜀葵花花型相似，但花朵偏小，且花期非常短：早晨开花，下午即败，故一般不用于观赏。蜀葵则不同，花朵大、色泽艳丽、花期长，因此格外受人喜爱，也是经常出现在宋代花鸟画中的花种。沈周却偏偏对清瘦娇弱的秋葵花心生怜爱，为其置像，自己也得以时时观赏。

《写意》册之《鸡冠花》（图 1.8），花头与叶片皆低垂，花干弯折，似是晨露过重，故有不堪承受之状。透过纸面，仿佛能够看到那日清晨，闲庭信步的沈周所观察到的景致：一株被露水压折的鸡冠花。眼前的画面令他觉得有趣，故诗以记之："闲庭有奇草，花却类鸡冠。破晓不能唱，低头露未干。"对日常瞬间的捕捉与展现生动如斯，纵观中国古代画史，亦殊为少见。

图1.5　沈周《三梓图》
明　纸本水墨
纵111厘米，横41厘米
美国印第安纳波利斯艺术博物馆藏

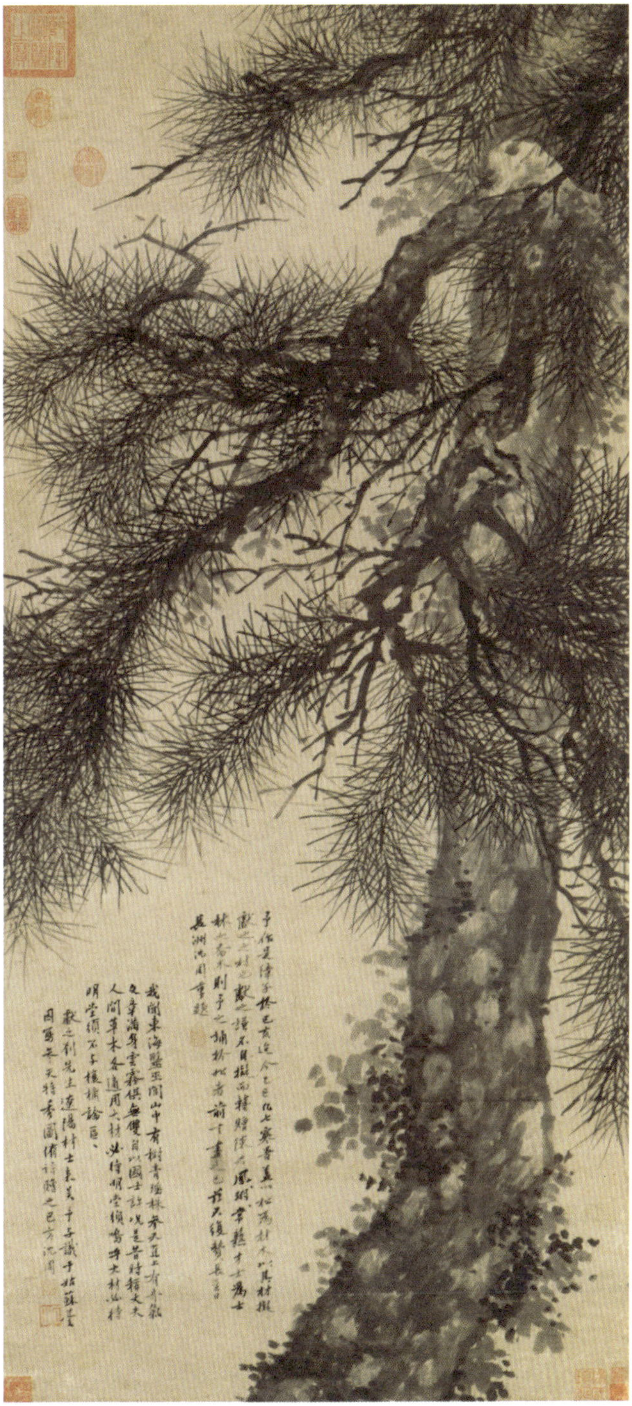

图1.6　沈周《参天特秀图》
1479年　纸本水墨
纵156厘米，横67.1厘米
台北故宫博物院藏

图1.7　沈周《秋葵图》　明　纸本设色
纵17.5厘米，横53.4厘米　台北故宫博物院藏

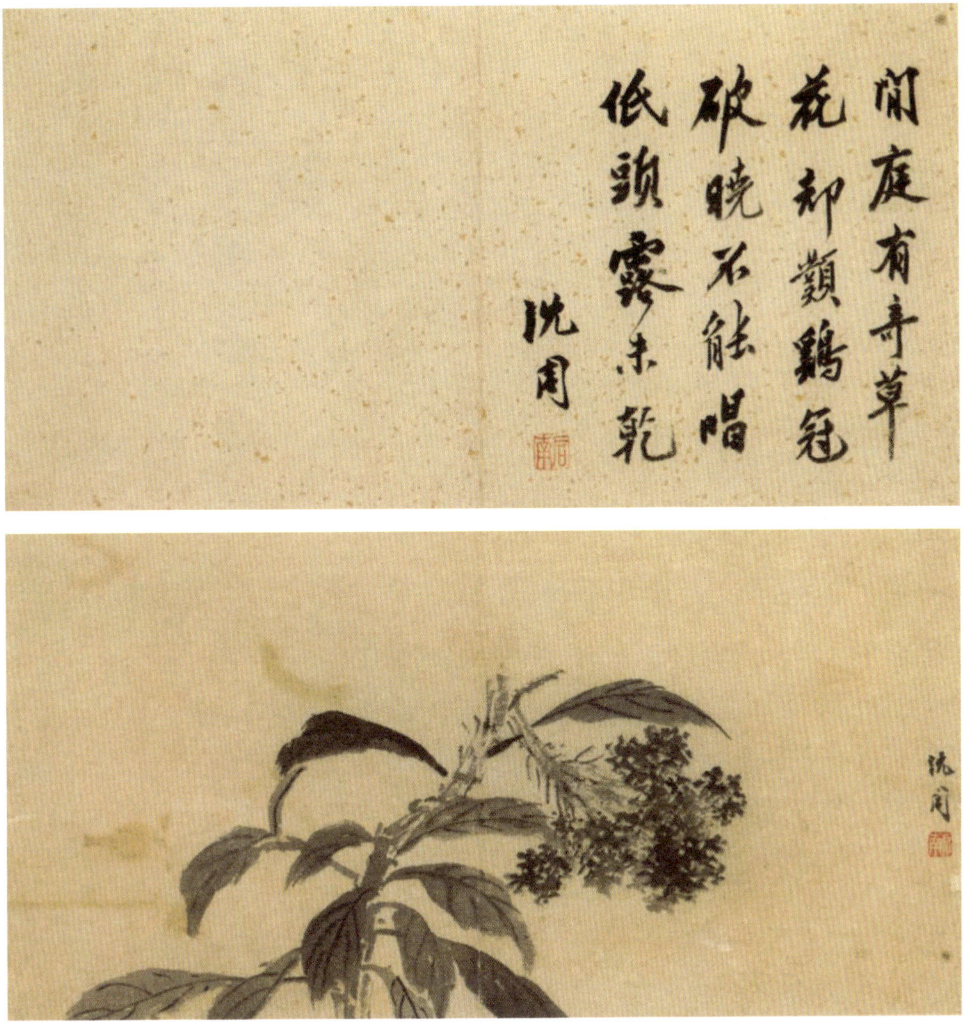

图1.8　沈周《写意》册之《鸡冠花》　明　纸本水墨
纵30.4厘米，横53.2厘米　台北故宫博物院藏

蔬果

沈周以艺术家的敏锐眼睛与敏感心灵，从生活细节中发掘乐趣，从平日所见之物中体悟深意。沈周喜爱美食，故而日常食用的瓜果蔬菜等，也成为他歌咏和描绘的对象。白菜、萝卜、椿芽、蕨菜、竹笋、杨梅、柿子等，皆为沈周嗜食之物。弘治四年（1491）清明后一日，沈周借宿西山觉海庵，回想起上次来觉海庵吃到的鲜嫩蕨菜，不禁感叹今年来得早了些，若是能够留上五日，定能再尝美味。（《宿觉海庵思食蕨有作》）作于数年前的《食萝卜》诗云：

> 土酥烂煮如蒸羊，老夫大嚼胜黄粮。关门浩歌自扪腹，犀筋厌饫将谁强。朝来束玉一大把，南园早露含天浆。老夫揸铛着活火，不道客来烟满堂。

一位老饕的形象跃然纸上。《蔬菜图》（图 1.9）绘园中生长的白菜一棵，题跋云：

图1.9　沈周《蔬菜图》
明　纸本水墨
纵92.3厘米，横31.7厘米
台北故宫博物院藏

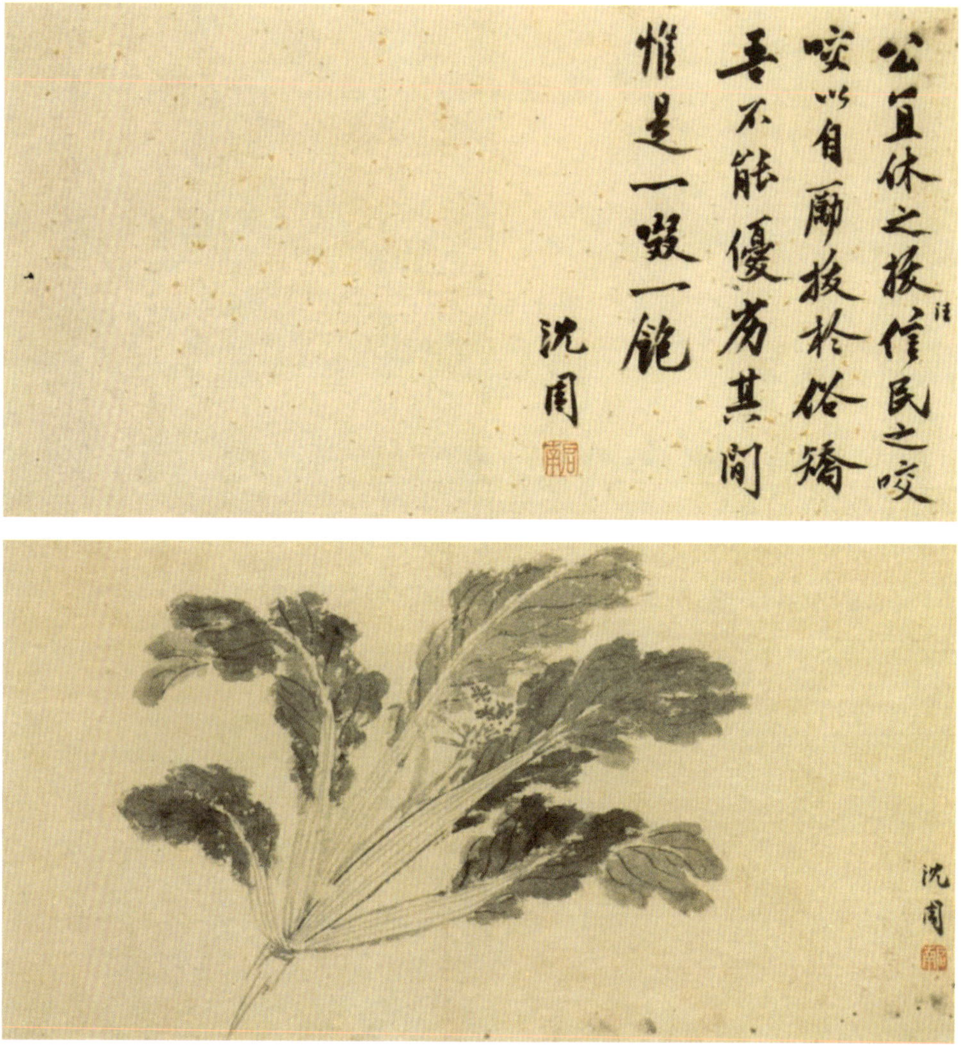

图1.10　沈周《写意》册之《白菜》　明　纸本水墨
纵30.4厘米，横53.2厘米　台北故宫博物院藏

南园昨夜雨，肥胜大官羊。党氏销金帐，何曾得一尝。

以往文人歌咏白菜、萝卜，多取咬菜根的典故，比喻君子安于清苦，磨砺自我。沈周的关注点则不同。《写意》册之《白菜》（图1.10）跋云：

公宜休之。拔汪信民之咬，咬以自励，拔于俗娇。吾不能优劣其间，惟是一啜一饱。

《卧游》册之《白菜》（图1.11）题诗云：

南畦多雨露，绿甲已抽新。切玉烂蒸去，自然便老人。

沈周所关心的，是自家屋后南边菜园中具体实在的白菜，是日常生活中能够观其象、品其味的白菜，而非被注入过多精神内涵，早已脱离其自身的、抽象的白菜。从其挚友吴宽在《辛夷墨菜图》（图1.12）上的题诗“咬根莫弄叶，还可作羹煮”来看，这一视角实为二人所共享。沈周自称十分喜爱白菜的味道，故为白菜传神写照，又作《菜赞》：

天茁此徒，多取而吾廉不伤；士知此味，多食而吾欲不荒。藏至真于淡薄，安贫贱于久长。后畦初雨，南园未霜。朝盘一箸，齿颊生香。先生饱矣，其乐洋洋。

除为白菜作赞外，沈周还为杨梅立传，将杨梅拟人化：“为人外浮内核，性恬而韵爽”，“自幼好着青碧衫，壮易绯，老服紫縠裘”。赞其味“如醴浆、如密沈”，如人中之“淳儒”，叹其“产局遐陬，无路荐达”，惜其“遗落于风雨空山，委蜕草莽间”，如人之怀才不遇者。（《杨梅传》）成化十一年（1475），

图1.11　沈周《卧游》册之《白菜》　明　纸本设色
纵27.8厘米，横37.3厘米　故宫博物院藏

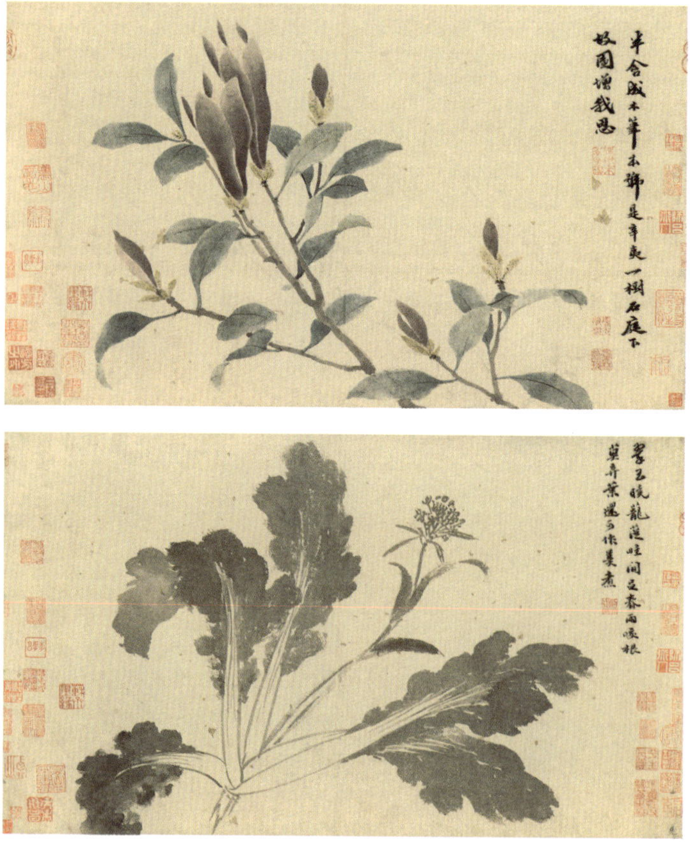

图1.12　沈周《辛夷墨菜图》　明　纸本设色
每段纵34.9厘米，横58.8厘米　故宫博物院藏

韩克瞻寄赠杨梅予沈周，沈周画杨梅图并题诗答谢，图今不存，存留诗云：

西山有雨杨梅熟，东老无诗口舌干。珍重故人知此意，高林摘寄紫瑛丸。（《画杨梅答韩克瞻》）

所谓西山，指的应是位于苏州城西的光福山。《姑苏志》载：“杨梅为吴中名品，味不减闽之荔支，出光福山。铜坑第一，聚坞次之。”沈周描绘光福风光亦云“霜前橘柚万苞黄，雨后杨梅千树紫”（《光福》）。弘治元年（1488）前后，友人姚存道赠沈周薰杨梅，沈周赋诗谢之。从“肉都不走丸微瘦，津略加干味转滋。鸟口夺生鲜恐烂，龙睛藏熟久还宜”（《薰杨梅》）来看，所谓薰杨梅，应是将新鲜杨梅作了风干处理，以便长久保存。可知沈周喜好杨梅之味的程度。

沈周还为同样喜食杨梅的薛尧卿绘制过《一坞杨梅图》（图1.13），图作于弘治十五年（1502）。据题跋可知，薛尧卿为品尝新鲜杨梅，特辍农工驾舟前往聚坞。然为时已晚，杨梅已采摘殆尽，仅得一丸紫而大者。薛氏请沈周作画记之。沈周觉得有趣，欣然应允，并寄画与素不喜食杨梅的文徵明（1470—1559），发其一笑。画中一人携童子于杨梅树林中观望，那被杨梅勾起馋思的形象恐怕也是沈周本人的写照吧。

枇杷、石榴、葡萄、柿子等，亦是沈周观察和描绘的对象。这些物象虽常常出现在宋元绘画中，但往往以固定搭配和组合的方式呈现，通过情节性的画面，表达特定的寓意或诗意。如鲁宗贵《吉祥多子图》（图1.14），以石榴、葡萄、橘子等物象的组合，传达出多子与吉祥的意味。又如马麟《橘绿图》（故宫博物院藏），描绘由绿转黄状态中的橘，或与“一年好景君须记，正是橙黄橘绿时”之诗意相关。反观沈周笔下的柿子、枇杷，绝非宫廷中的珍果，亦与名句无涉，就是普普通通、生长于苏州的田间地头，引人一吃为快的饱满果实。《写意》册之《柿子》（图1.15）绘一颗丰满圆润的柿子挂于枝头，

图1.13　沈周《一坞杨梅图》
1502年　纸本水墨
纵129.5厘米，横48.5厘米
安徽博物院藏

图1.14 鲁宗贵《吉祥多子图》 南宋 绢本设色

纵24厘米，横25.8厘米 美国波士顿艺术博物馆藏

图1.15 沈周《写意》册之《柿子》 明 纸本水墨

纵30.4厘米，横53.2厘米 台北故宫博物院藏

图1.16　沈周《卧游》册之《枇杷》
明　纸本设色
纵27.8厘米，横37.3厘米
故宫博物院藏

似在待人采摘。对题云："一颗压霜枝，红鲜味更滋。渴喉思快啖，还润我诗脾。"《卧游》册之《枇杷》（图1.16）题云："弹质圆充饤，蜜津凉沁唇。黄金作服食，天亦寿吴人。"如光福山杨梅一般，洞庭山枇杷亦为苏州名产："枇杷出洞庭山，初接则核小，再接无核。"（薛章宪《枇杷赋》，《吴都文粹续集》卷五八）弘治十一年（1498）秋，沈周作枇杷诗画赞云："谁铸黄金三百丸，弹胎微湿露漙漙。从今抵鹊何消玉，更有饧浆沁齿寒。"（《珊瑚网》卷四五）

沈周家族有隐居不仕的传统，祖孙数辈皆以耕种务农为业。沈氏世居的相城，在明中期属乡野之地。自小生活在乡下，与农人为邻，亦曾参与农事的沈周，一生从未忽视过对乡间常见作物的观察。成化十一年（1475），沈周作《割稻》诗，记述自家男丁于寒冷秋雨中割稻之不易。成化十五年（1479）仲春与成化十七年（1481）秋冬，吴地淫雨不断，以致水患，沈周作《雨中与邻人话农事》《和陈佥宪粹之悯农韵》《悯灾行送刘侍御》等诗，表达对岁收及交纳赋税的担忧。为吴宽所作《东庄图》中，数开皆与农作物相关，如《稻畦》、《麦山》、《桑州》、《果林》（图1.17）等。四开中，田地与果木几

图1.17　沈周《东庄图》册之《果林》
明　纸本设色
纵28.6厘米，横33厘米
南京博物院藏

乎占据了画面十分之八九的空间。沈周极富耐心地以数种颜色的精细线条来处理田中的稻子与小麦：先以较浅淡的带有颜色的线条细细勾写，再以较深的细墨线交错补笔，用以呈现作物繁盛茂密的生长状态。这一画法遥承自南宋宫廷画家，如马远《踏歌图》（台北故宫博物院藏）画面下方所绘田地及作物。《桑州》《果林》两开采用勾染结合的手法，直接以颜色点染叶片、勾勒果实，与传为赵令穰的《橙黄橘绿图》（台北故宫博物院藏）画法近似。沈周精准地通过画面传达出农作物的丰盛饱满状态：树果累累，桑叶沃若；麦垄青青，稻花漠漠。这想必得益于沈周对农作物的近距离观察：

我田今有麦，芃芃日满成。瀼露滋颜色，长茂及春晴。老少锄其根，傍恐野草生。不恤劳力苦，自为口腹营。念彼饥馁日，对此喜先盈。不愿秀两岐，食新即为祯。（《我田今有麦》）

老圃吾家事，深知此计安。培功春助易，溉力雨分难。剖瓠谁怜大，持梅自信酸。朝盘不愁馁，苜蓿正阑干。（《南园杂兴》）

动　物

沈周生活在水乡，四邻乡人除务农外，亦有以捕鱼虾为业者。鱼、虾、贝等素为沈周所喜食。成化十六年（1480）三月二十七日夜，沈周梦到在清溪

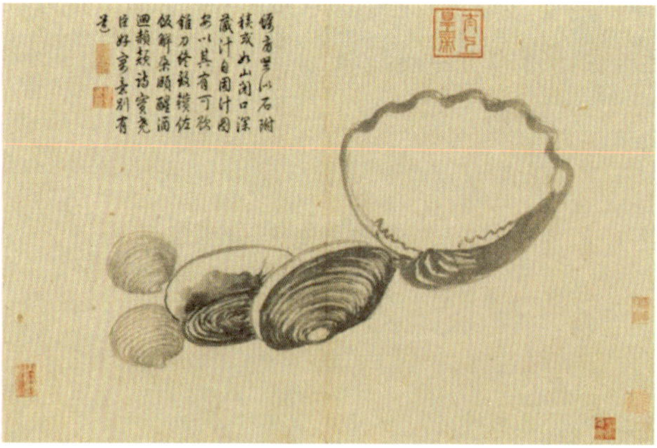

图1.18　沈周《写生》册之《贝》
1494年　纸本水墨
纵34.6厘米，横57.2厘米
台北故宫博物院藏

| 图1.19 沈周《杏林飞燕图》 明 纸本水墨 纵15厘米，横44.2厘米 台北故宫博物院藏

中叉得一尾白色大鲤鱼，第二天西邻果然捕得一尾鲤鱼，颜色、大小竟皆与梦中肖似。沈周得鱼，惊喜之余，作诗记之（《三月廿七夜梦于清溪中叉一鲤，大而白色，翌旦西邻果叉一鱼，色质与梦中甚肖，异而赋此》）。弘治五年（1492）前后，沈周作《食蛏》诗，从“揣玉容生擿，凝酥怯过燔。着姜相打合，渍酒与温存”句，可知其深谙食蛏之法，且嗜其味。《写生》册其中一开绘有五枚双壳贝类（图1.18），最大的一枚仅余一片壳，肉已被吃去，较小的两枚一微开一半开，半开者可见其肉。这或许就是沈周对某日所食之物的观察与记录吧。

田间的生灵亦带给沈周许多绘画的灵感。飞者如燕、鸠、鸽，走者如鸡、鸭、鹅，游者如鱼、虾、蟹等，皆为沈周观察与描绘的对象。《杏林飞燕图》（图1.19）绘一只燕子栖息于杏花枝上，与《杏花燕子》诗意相合：“杏花初破处，新燕正来时。红雨里飞去，乌衣湿不知。”《鸠声唤雨图》（图1.20）绘侧立于枯枝上的鸠鸟。《花下睡鹅图》（台北故宫博物院藏）绘一只大白鹅，眠于一株生长在湖石边的玉簪花旁。上述诸作，在立意、取象上承自宋元花鸟画颇多，

图1.20　沈周《鸠声唤雨图》　明　纸本设色
纵51.1厘米，横30.4厘米　台北故宫博物院藏

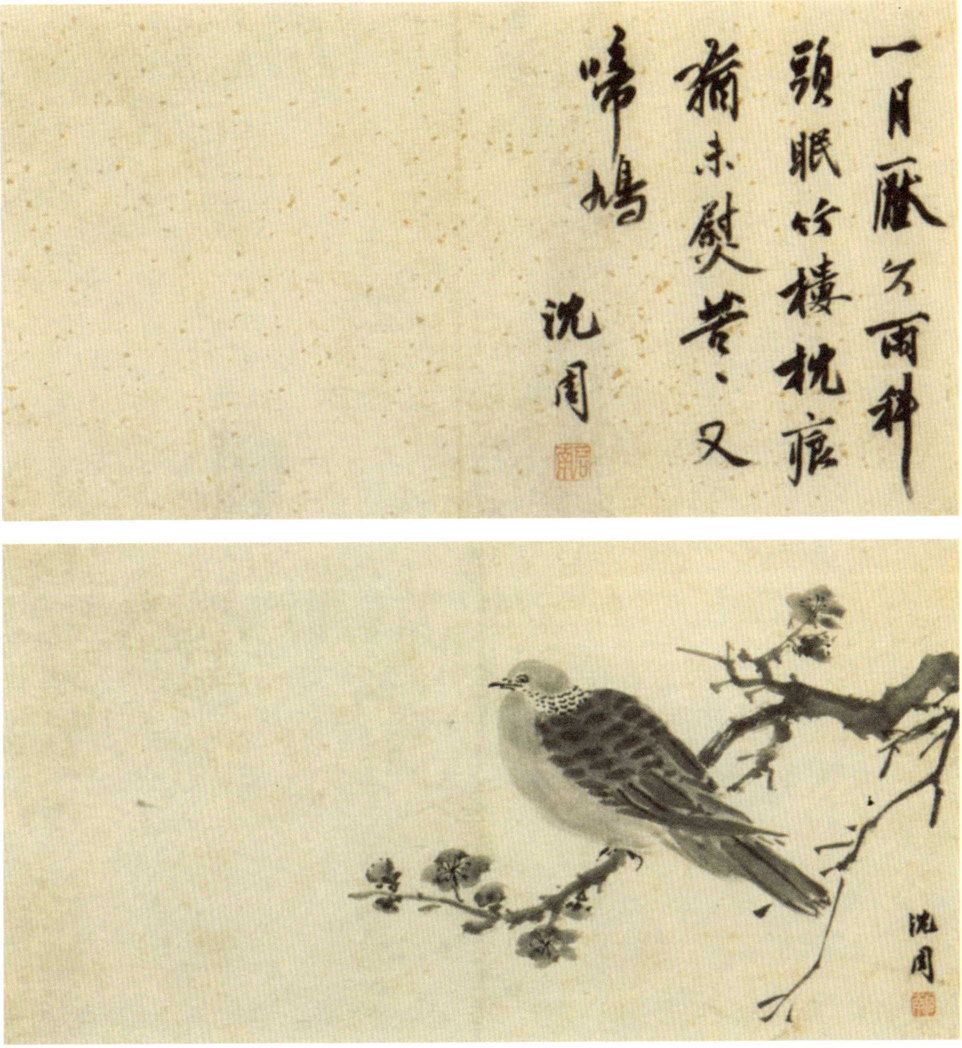

图1.21　沈周《写意》册之《杏花鸠鸟》　明　纸本水墨
纵30.4厘米，横53.2厘米　台北故宫博物院藏

图1.22　沈周《写生》册之《白鸽》　1494年　纸本设色
纵34.6厘米，横57.2厘米　台北故宫博物院藏

图1.23　沈周《写生》册之《鸭子》　1494年　纸本水墨
纵34.6厘米，横57.2厘米　台北故宫博物院藏

图1.24　陈琳《溪凫图》　元　纸本设色
纵35.7厘米，横47.5厘米　台北故宫博物院藏

图1.25　沈周《写生》册之《猫》　1494年　纸本水墨
纵34.6厘米，横57.2厘米　台北故宫博物院藏

如描绘鸠鸟与桃花、杏花等花木之组合的画作，即多见于宋代画史文献[①]。“鸣鸠唤雨”是宋代诗词中的常见意象：“文书满案惟生睡，梦里鸣鸠唤雨来。”（黄庭坚《谢公择舅分赐茶三首》其二）“鸣鸠唤雨知唤晴，水车夜啼声彻明。”（杨万里《悯旱》）沈周《写意》册中就绘有立于杏花上的鸠鸟（图 1.21），从对题诗来看，亦为唤雨主题：“一月厌久雨，科头眠竹楼。枕痕犹未熨，苦苦又啼鸠。”

作于弘治七年（1494）的《写生》册之《白鸽》（图 1.22）、《母鸡》、《鸭子》（图 1.23）等页，则打破了自宋元以来花鸟画物象的固定组合搭配与构图程式化等倾向。除抛却了背景及情节性描绘外，物象塑造与所用笔墨皆极简。《白鸽》一页，全幅以淡淡的花青色罩染，鸽身处留白，再以细淡的、似有若无的墨线勾勒出鸽身轮廓及脖颈、翅膀处的少许羽毛，鸽头、鸽尾以浓重墨色一点、一抹，从而衬托出鸽身的洁白和羽毛的柔软质感。再来看对母鸡羽毛的呈现：先以较淡的墨色点染，再以较浓重的细笔复写，两次用笔皆干，从而精确传达出鸡身羽毛较鸽子更为蓬松且粗大的感觉。《鸭子》一页，与元代陈琳所绘《溪凫图》（图 1.24）中立于水岸边的野鸭形态相似，但略去了对环境及鸭身非关键细节的描绘，用笔更为概括。白鸽、母鸡与鸭子皆取侧立姿态，虽略有不同，但都未与其他物象发生关联，除俯首的母鸡容易令人联想起吃食的情态外，皆没有情节性的展开，亦无深层寓意与诗意。被沈周所观察和捕捉到画面中的，就是普普通通的家禽在院子里散步或是静立的一个日常瞬间。

缩成一团的猫，亦是如此。猫常见于宋画，往往与儿童或花木等形象一同出现，带有富贵、吉祥等象征寓意[②]。沈周笔下的猫，并非品种名贵、以外形取胜、用以观赏和取乐的宠物猫，而是家常豢养，用于驱赶、捕捉老鼠的田园猫。喜将身体蜷缩一团，是猫的日常姿态。从主人的视角看去，那弓背

---

① 参见陈阶晋等编《明四大家特展：沈周》，台北故宫博物院 2014 年版，第 320—321 页。

② 参见石守谦《沈周的应酬画及其观众》，载《从风格到画意：反思中国美术史》，生活·读书·新知三联书店 2015 年版，第 254 页。

匍匐于地上的，就是一只圆形的猫。（图 1.25）大约是觉得有趣，故将其绘于纸上，颇可见出沈周对家猫的怜爱之情。沈周还曾在诗中称赞猫对于清除家中鼠患的功劳：

君不见，有猫无鼠初不知，失猫招鼠知猫福。忆昔乌圆状虽小，爪牙棱棱威比屋。堆床图籍任纵横，所贮肴核无不足。劳多饲缺忽他走，浑舍惊呼叵能复。公然黠辈无忌惮，啮案翻盆恣相逐。拥衾夜半憎嘐声，令我不眠百感续……

得享猫福的沈周，对自家的猫颇为喜爱，可惜好景不长，该猫一日不慎丢失，令其十分心痛。苦于老鼠侵扰、夜不能寐的沈周作《失猫行》记之。

《写生》册中还绘有墨驴一只。（图 1.26）作为古代重要的交通运输工具，驴子多见于行旅题材绘画。在范宽的《溪山行旅图》（台北故宫博物院藏）中，于画面下方山脚处，绘有四只身驮重物的驴子，由二人一前一后驱赶前行。像沈周这样以独幅画面为驴子写像的，在古代画史中十分罕见。沈周笔下的驴子，侧身而立，驴耳直竖起，嘴巴与鼻孔皆作张开状，驴身重心向后，一蹄向前，似在打鸣。《卧游》册中的水牛（图 1.27）与之姿态相似，侧立于山坡上的水牛，一蹄微抬，昂首而行，似乎因为摆脱了牧人的直接控制，故而神情欢脱，憨态可掬。题诗云：“春草平坡雨迹深，徐行斜日入桃林。童儿放手无拘束，调牧于今已得心。”上联写牛于雨后生长着春草的平坡上徐行，下联笔锋一转，写牧童并不着意去牵制牛儿，任其自由行动。尽管画中未出现牧童，观者却可由牛鼻上拖挂着的一条绳索展开联想。沈周对于生灵的观察与描绘，正如其诗中的童儿一般，因已得法于心，故不受外在规则的束缚：

图1.26　沈周《写生》册之《驴》　1494年　纸本水墨
纵34.6厘米，横57.2厘米　台北故宫博物院藏

图1.27　沈周《卧游》册之《平坡散牧》　明　纸本设色
纵27.8厘米，横37.3厘米　故宫博物院藏

我于蠢动兼生植，弄笔还能窃化机。明月小窗孤坐处，春风满面此心微。

戏笔此册，随物赋形，聊自适闲居饱食之兴。若以画求我，我则在丹青之外矣。（《写生》册沈周题跋。图1.28）

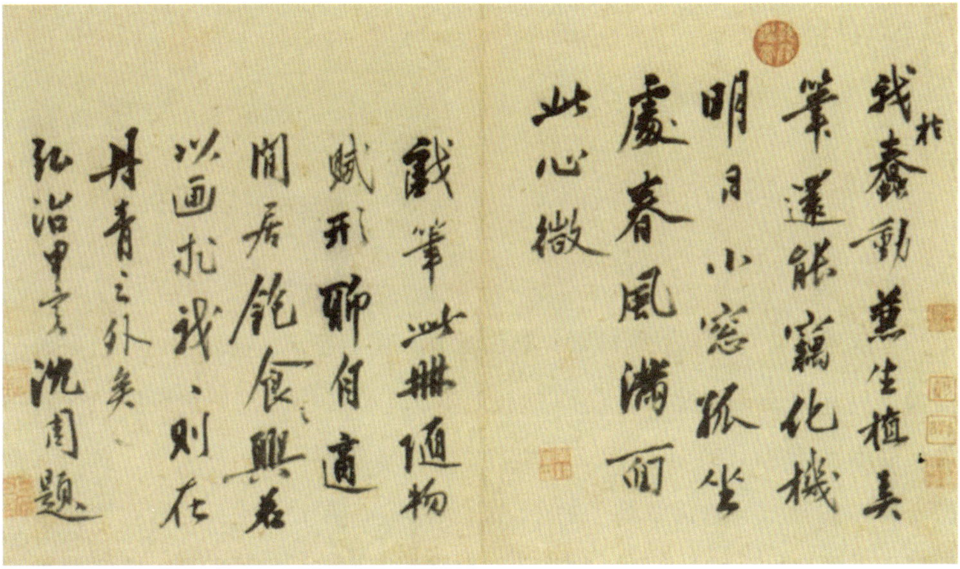

图1.28　沈周《写生》册题跋　1494年　纸本
纵34.6厘米，横57.2厘米　台北故宫博物院藏

静观万物

为沈周欣赏并描绘、吟咏者，除山水外，还有花草、树木、蔬果、虫鱼、鸟兽等，却又不止于此。如独特的天文现象，也会成为沈周观察和记录的对象。弘治元年（1488）正月初三，刚刚经历了暖冬的苏州下起大雪，至初五方晴，晴冷的天气一直持续到了初十。是夜月出而雪未化，天地间明彻异常。沈周忍不住登上小楼观赏。小楼临水，月光映照水面，四面积雪，澄澈清冷、月雪交映的美景令沈周赞叹不已，神思飘渺：

> 楼临水，下皆虚澄。又四囿于雪，若涂银、若泼汞，腾光照人，骨肉相莹。月映清波间，树影滉弄，又若镜中见疏发，离离然可爱。寒浃肌肤，清入肺腑。因凭阑楯上，仰而茫然，俯而恍然，呀而莫禁，眄而莫收，神与物融，人观两奇……其雪与月，当有神矣。（《记雪月之观》）

又或是生活中的某些细节。一日，屋边放置的一盆水，将日影倒映在了屋檐上，屋中的沈周看到这一景象，感到十分可爱，赋诗一首：

盆漪阳采合晶荧，圆见檐牙倒影明。刚就一圈包太极，类从六观究无生。照来虚室心光现，印入空梁月相成。且信茅茨藏白璧，尚期知者论连城。（《盆水映日圆影上檐可爱而赋》）

“自我”也是沈周时常观察和审视的对象。暮年的沈周常请人画像，现存《明人画沈周半身像》（图6.16）有其正德二年（1507）自题，云：“似不似，真不真。纸上影，身外人。死生一梦，天地一尘。”跳出身外观察自己，发觉自身与天地间的其他事物并无二致，一粒微尘而已：“草木当衰不复真，纸间座上两浮尘。”（《王理之写六十小像》）类似的观察角度，亦见于《咏影》诗：“自外观身托我成，我初生日汝同生。”

可以说，万事万物都是沈周留心观察、感受和思考的对象，也即《写生》册前所题“观物之生”[①]。“观物之生”当遥承自北宋程颢“万物静观皆自得”（《秋日偶成》）句，意指静观万物之生意。宋儒周敦颐（1017—1073）观窗前草，张载（1020—1077）观驴子打鸣，程颢（1032—1085）观鸡雏，皆有所得：

周茂叔窗前草不除去。问之，云：“与自家意思一般。”子厚观驴鸣，亦谓如此。

观鸡雏。此可观仁。（《二程集》）

窗前的青草、鸣叫的驴子与雏鸡，这些生活中常见动植物的日常状态，也同样为沈周所观察和描绘，正如前文所指出的那样。与沈周生活时代相近

① “观物之生”四字无作者款印，推测应为沈周好友李应祯（1431—1493）手笔。见陈阶晋等编《明四大家特展：沈周》，第317页。

的吴与弼（1391—1469），在其记录平日感悟的《日录》中，亦时常记述自己观察身边万物的体会：

> 游园，万物生意，最好观。
>
> 观花木，与自家意思一般。
>
> 早观花草，生意甚佳……
>
> 徐步墙内，看秧生塍。静中春意，可乐也。
>
> 憩亭子看收菜。卧久，见静中意思，此涵养工夫也。
>
> 早憩自得亭。亲笔砚。水气连村，游鱼满沼，畦蔬生意，皆足乐也。（《康斋文集》卷十一）

在乡下农耕课徒的吴与弼，其生活环境、生活方式皆与沈周相似，所观之物亦相近：乡间的花、木、草、秧、蔬、鱼，及收获庄稼的农人。对吴与弼来说，观察周边的万物，与读书一样，皆是为学的方法和渠道。沈周一向以儒士自居，其思想与行动，大约也受到了宋明理学家的深刻影响。正是在观察和体悟万物生意的过程中，沈周创造出了有异于自然世界，却同样伟大的自我的艺术世界。

居

葺竹居

行年四十五，两鬓半苍苍。感兹白傅言，蹇予适相当。

老态一何逼，流光一何忙。坐懒百事堕，淡然与世忘。

黾勉旧田庐，今兹始葺荒。买竹十数栽，初种未过墙。

把酒时对之，疏阴度微凉。再歌荣木篇，为乐殊未央。

雷雨晴　中国人民大学文学硕士，中国美术学院艺术人文学院博士在读，师从范景中、万木春教授。曾在 *Chinese Art Quarterly* 发表论文“The Research and Examination of Drawing of the Moon on the Eve of Mid-Autumn Festival and Other Related Works by Shen Zhou”。翻译李嘉琳（Kathlyn Liscomb）“Shen Zhou's Collection of Early Ming Paintings and the Origins of the Wu School's Eclectic Revivalism”、雷德侯 (Lothar Ledderose)“Some Taoist Elements in the Calligraphy of the Six Dynasties”等论文。

祖宅西庄

全庆堂

西庄是沈周家宅，它见证了沈周与其亲友的悲欢离合，也见证了其漫漫创作之路。谈起西庄，便要从沈周的曾祖父沈良说起。沈良字良琛，号兰坡，因元末战乱入赘相城后便在此安家立业。沈周曾祖母徐道宁，是相城名门之后。在二人操持与经营下，沈氏积累起较为雄厚的家产，成为相城大户，受到乡邻敬重。祖父沈澄乃是性情中人。永乐初年征召赴京，却称病回乡，过起了隐居的生活。有明确记载，沈氏一族从沈澄开始便居住于相城内名曰西庄的宅邸中，或是沈良遗留的家产。西庄的面貌大致可以从杜琼（1396—1474）的笔下得知，其为沈澄宴集所作《西庄雅集图记》云："其地襟带五湖，控接原隰，有亭馆花竹之胜，水云烟月之娱。孟渊攻书饬行，郡之庞生硕儒多与之相接。凡佳景良辰，则招邀于其地，觞酒赋诗，嘲风咏月，以适其适。"[①]

西庄内主室名全庆堂，成化八年（1472）十月，伯父沈贞（图2.1）七十三

---

① ［明］钱穀《吴都文粹续集》卷二，《景印文渊阁四库全书》第1385册，台湾商务印书馆1986年版，第47页。

岁寿辰，沈周与堂兄弟沈璞、沈檼以及友人杨景章同去全庆堂祝寿。全庆堂究竟是沈贞的住所还是沈家用来举办宴会的地方，我们不得而知。杨景章工写照，于是众人皆举杯请其为寿星沈贞画一幅画像。画完之后，众人皆啃啃称真。作为回报，沈檼泼墨山水，沈贞、沈璞、沈檼、沈周四人分别题跋于上，以赠杨景章，惜画已不存。

秋轩与东广

在西庄里，尤为重要的是依附于主室全庆堂的两个偏房——秋轩与东广。

秋轩是附在全庆堂西侧的一间偏室，轩虽小却十分雅致。在轩前的庭院中，栽植着芙蓉（图 2.2）、黄葵（图 2.3）、甘菊等花草，在秋日的凉风与夕阳之中，身处此轩，甚为安逸。又因其在园中之西，西方属于秋位，故名之曰“秋轩”。祖父沈澄十分疼爱聪明伶俐的幼孙，在《秋轩记》中，沈周追忆了与祖父相处的点滴，他依稀记得祖父常常在秋轩里抱着自己，“哺饴弄雏，实于斯也”——不仅亲自喂他好吃的点心，还逗弄孙儿开心，实在是一幅天伦之乐的温馨画卷。沈周写下这些怀念祖父的文字时，自己也已是苍颜华发的垂垂老者。斯室依旧，斯人已逝。

秋轩之所以名“秋”者，除了其地理方位在宅院西侧以及秋日宜居之外，亦与其中人之气质相关。秋季代表着聚集和收敛，沈周反思自己年少时曾妄慕妄求，故希冀在秋轩内“养其衰、傒其老、全其生”。秋轩中聚集之人，不论年老年少，皆“听茫茫，视荒荒，多怠而健忘”，精神与秋相通，即“与秋相感者”。（图 2.4）

沈氏家族一直与文人雅士保持着频繁的交游。元代著名画家王蒙与沈良

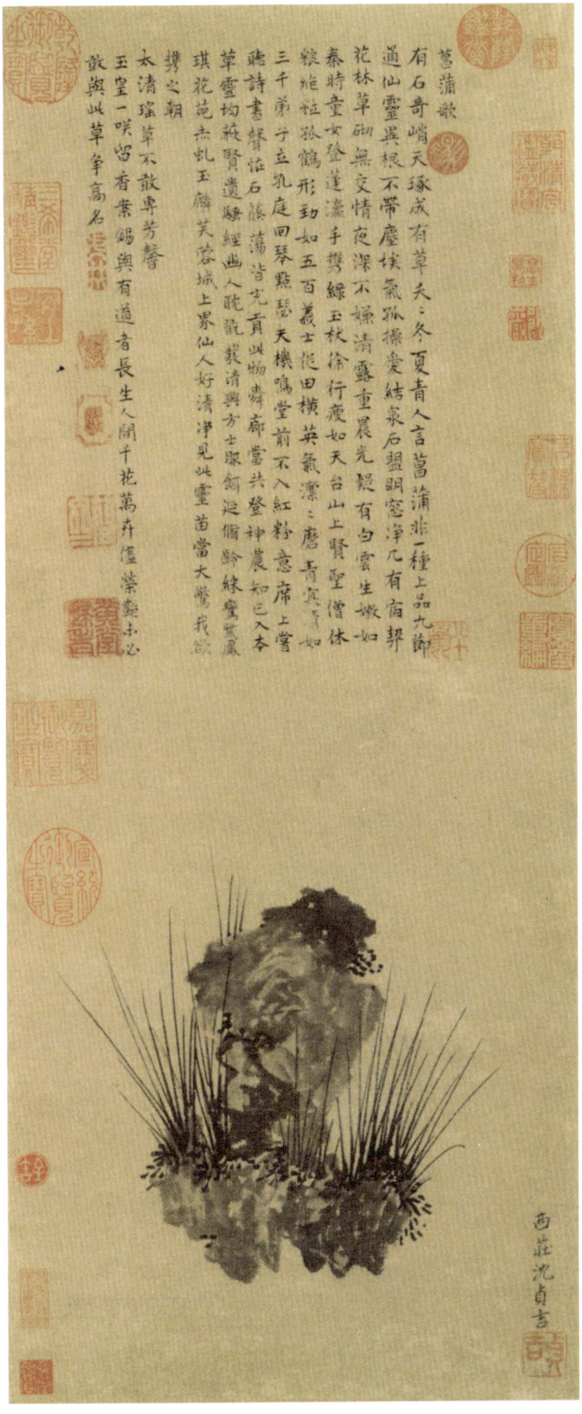

图2.1　沈贞《菖蒲》
明　纸本水墨
纵60.3厘米，横24.7厘米
台北故宫博物院藏

图2.2　沈周《卧游》册之《芙蓉》　明　纸本设色
纵27.8厘米，横37.3厘米　故宫博物院藏

图2.3　沈周《卧游》册之《黄葵》　明　纸本设色
纵27.8厘米，横37.3厘米　故宫博物院藏

图2.4　刘珏《清白轩图》
1458年　纸本水墨
纵97.2厘米，横35.4厘米
台北故宫博物院藏

交好，并作画相赠[①]。沈澄时期的西庄已成为重要的文化社交场所，几可媲美元末顾瑛的玉山雅集。为了追随文化偶像顾瑛的脚步，沈澄经常在西庄中举办文人雅集，来者皆江南名士。沈周还记得秋轩里宾客满座，文士名流捧觞为祖父沈澄祝寿的场景。

四十年后，曾参与雅集的沈遇绘制《西庄雅集图》[②]，还原了当时觞酒赋诗、嘲风咏月的场面。此时，诸公皆已仙去，惟余三人。沈遇只能想象当时在场诸人的容貌，回忆当时雅聚时的场景，曲尽其妙地将其移入丹青之中。另一位参与过雅集的友人杜琼，在为《西庄雅集图》所作记文中，追念了当年参与雅集之人，慨叹当年亲接诸儒之雅好，而今不可复得的怅惘。（图 2.5）

参加过西庄雅集的画家谢缙（1420—1488），多年后途经相城并留宿西庄，临别之际，画下了《西庄图》赠予沈澄。虽然已离开相城多年，但谢氏在题跋中言及沈澄，依旧情好如昔。成化十六年（1480），沈周补题了此图，感叹此图完成时自己尚未出生，而今谢缙仙逝，祖父沈澄已离世十八载，自己也已五十四岁。如今重见此图，抚图之际感念往昔，不禁潸然。（图 2.6）

弘治二年（1489）初冬，六十三岁的沈周大病初愈，好友姚丞、浦正、沈观三人来探望，酌酒于秋轩，并赋诗连句。次日沈璞又来，沈周与客人在秋轩内联句诗会，通宵达旦。第三日沈周请渔夫在河中打捞上两条鱼，由沈母烹饪后请诸客品尝。不久，朱存理亦至，于是众人邀请其和韵。聚会结束后，沈周特意写了一篇文章来记录此次的聚会（《记诗会联句》《夜酌与浦三正、姚一丞、沈二璞、沈三观大联句》）[③]。此时，秋轩已从祖父沈澄举办雅集的场所成为沈周接待友人、宴请宾客的地点。祖父时期的文人雅集传统保留并凝结为秋轩的

① ［明］吴宽《匏翁家藏集》卷六《题王叔明遗沈兰坡画》，四部丛刊影明正德三年刻本。本书所引吴宽诗文均出于此书，以下不再注明出处。

② 参见卢辅圣主编《中国山水画通史》，上海书画出版社 2014 年版，第 409 页。

③ ［明］朱存理《野航遗稿》附录卷上，复旦大学图书馆藏钞本。

精神意涵。

与秋轩相对的东广，是全庆堂东侧的一间偏房。大而为堂，小而为广，此间又在地之东侧，故名为东广，沈周从小在此跟随陈宽（1396—1473）学习。陈氏一门皆以文学高自标致，沈周的父亲沈恒、伯父沈贞亦曾追随陈宽之父陈继学习。在陈宽南还之时，士林文人皆希望能延请其至府上讲授，而陈宽因其与沈氏家族的旧识关系而成为沈周的老师。陈宽仪观俨然，士人皆敬重其人，吴中研究经学之人多出自陈氏门下。陈宽天性严毅，对沈周的教训甚笃，且擅画，与杜琼、刘珏（1410—1472）等齐名。沈周对业师的敬重之情，体现在他为陈宽六十岁生日所精心绘制的《庐山高》图（图 2.7）之中。沈周以雄伟瑰丽、层层高叠的庐山象征业师陈宽的学问与品格，取高山仰止之意。

沈周另外两位友人王汝和、都良玉，亦同时在东广追随陈宽学习。几十年过去，昔日的同窗小友已成为白发苍苍的花甲老人。沈周、都良玉及王汝和在成化二十二年（1486）皆登六十，于是当年三人依齿序轮聚。正月初二，沈周与都良玉先携美酒美食去王汝和家拜访；初三，沈周与王汝和又去都良玉家拜访；初四，王、都二人来沈周居所。三人举觞互相祝寿之际，不免想起幼年时三人在家塾中受教，追逐砚席之间，学业相资，过失相规。孩童间笔砚同师的情谊一直延续至耳顺之年，于是沈周写下《三友会年序》，作为三人友谊的见证与纪念。

因为陈宽的缘故，沈周与其长子陈仪的交游也日渐深厚。陈仪，字世则，沈周曾赞其笃厚博学。成化二十年（1484），沈周五十八岁之时，陈仪来访秋轩。沈周感慨故友重逢，遂绘《秋轩晤旧图》（图 2.8），并有诗跋。画家将自己与远道而来的友人安置在画面底端一隅的屋舍之中，其上是层层堆叠的土丘，高耸入云的奇绝峰峦占据了整幅画面的主体部分，吴门画派的狭长构图在此作中已可初见端倪。上方题诗云：“十年扫地逢黄叶，半夜挑灯话白头。细酌漫颔真肺腑，新知何似旧交游。”与故人久别重逢的欣然喜悦之情跃然纸上。

图2.5　杜琼《南湖草堂图》　1468年　纸本水墨
纵119.8厘米，横55.5厘米　台北故宫博物院藏

图2.6 谢缙《东原草堂图》 1418年 纸本设色
纵108.2厘米，横50厘米 浙江省博物馆藏

图2.7　沈周《庐山高》　1467年　纸本设色
纵193.8厘米，横98.1厘米　台北故宫博物院藏

桃花书屋

桃花书屋是沈召居住之所，推测亦在西庄内。沈召后来病重不能自理，沈周于是搬去与其同寝，以便照顾。在沈召去世前两年，沈周为其画了《桃花书屋图》（图 2.9）。

画家在前景处描绘了一片水域将图画与观者隔开。在画面的中央位置，土丘环绕的平地上建有一间茅草屋，一位文士安然坐于其中，房屋四面缀以各种杂树。远景用巨然法层层堆叠出山峰以及山坳间的矾头，平台的画法则取法于黄公望。

想必沈周为沈召作《桃花书屋图》也是想令其畅神其中，愉悦身心，不料沈召在两年后就过世了。沈周有多首悼亡弟诗抒发自己的哀思之情，如《梦亡弟觉而述怀》《九日病中忆弟》《九日和李思式吊亡弟留别诗韵》等。在沈召去世三年后重阳日，沈周又见《桃花书屋图》，重见自己当日所作，而今却物是人非，感慨万千，于是题下：

桃花书屋我家宅，阿弟同居四十年。今日看花惟我在，一场春梦泪痕边。（《补题继南桃花书屋图》）

图2.8　沈周《秋轩晤旧图》
1484年　纸本设色
纵157.3厘米，横33.6厘米
上海博物馆藏

图2.9　沈周《桃花书屋图》
1470年　纸本设色
纵76.3厘米，横32.8厘米
中国国家博物馆藏

有竹居

以竹为邻

沈周于中年开始营建别业有竹居（又称有竹庄），据沈周《奉和陶庵世父留题有竹别业韵》中“旧宅西来无一里，别成农屋傍长川”，可知有竹居距祖宅西庄向西不足一里，地处郊野，且依傍湖川。此后，有竹居便成为沈周诗文和书画中经常出现的地点。在营建有竹居的过程中，还发生了一件趣事——沈周乞竹。

孙承泽《庚子销夏记》载：“石翁置有竹庄，尝出疏以募竹，其事甚韵。”[①]“疏”大约指佛教中的“募缘疏”，即用以募化财物的文字。沈周在营建有竹庄别业之时，曾经向友人寄疏求竹，被后人传为佳话。沈周《和陈玉汝大理乞竹韵》云“借风清暑便邻居”，可见沈周对竹之青睐。李东阳（1447—1516）在《谢王世赏移竹次韵》中亦曰：“俗居无计避尘氛，西郭浓阴远见分。

① ［清］孙承泽撰，余彦焱校点《庚子销夏记》，上海古籍出版社2011年版，第70页。

幸有林看休问主，苦无邻乞竟烦君。”[①] 诗中言及自己“无邻可乞”，只能写信央求朋友赠几竿绿竹，可见当时文士之间乞竹赠竹乃是一桩颇具逸趣的雅事。

上海博物馆藏有沈周《有竹邻居图》（图 2.10），自题云：

水南水北曾称隐，百里重湖今属君。种树绕家深蔽日，寻门无处总迷云。鱼濂花落闲供钓，凫渚菰荒久待耘。我是西邻不多远，鸡鸣犬吠或相闻。

落款为“邻人沈周”。何谓“邻人”？一方面，沈周的隐居生活并非完全与尘世隔绝，有竹居毗邻鸡犬相闻的乡野农舍，与乡邻谐笑甚欢。沈周不仅向邻家请教蚕桑之事，耕作节令也常依赖乡邻们的提醒。另一方面，有竹居的“竹”乃是文人理想的精神伴侣，沈周与庭院内的森森竹木为邻，与鱼池花落的恬淡自然景色为邻，与野趣真意相伴。

《有竹邻居图》画面左虚右实，一座小桥将画面主人的居所与田畦分隔开。树木围绕着庭院而植，在乡野田畴中辟出安静的一隅。庭院深处的二层楼宇中，主人翁正凭窗眺览湖面。宽阔的湖面上除了正在垂钓的零星渔人，只剩远处平缓的坡渚，传达出恬淡安详的郊野气息。正如沈周《田家咏》所云：

久矣居畎亩，邈如遗世人。地静习虽陋，野意还自真。怡怡晨夕间，言笑谐四邻。有作相告戒，鸟鸣知及春。犁锄假筋力，竭劳供有身。身在劳何息，顾莫养精神。服气能代粒，希仙渺无津。家业信难易，乐以充尧民。

① ［明］李东阳撰，周寅宾校点《李东阳集》，岳麓书社 2008 年版，第 290 页。本书所引李东阳诗文均出自此书，以下不再注明出处。

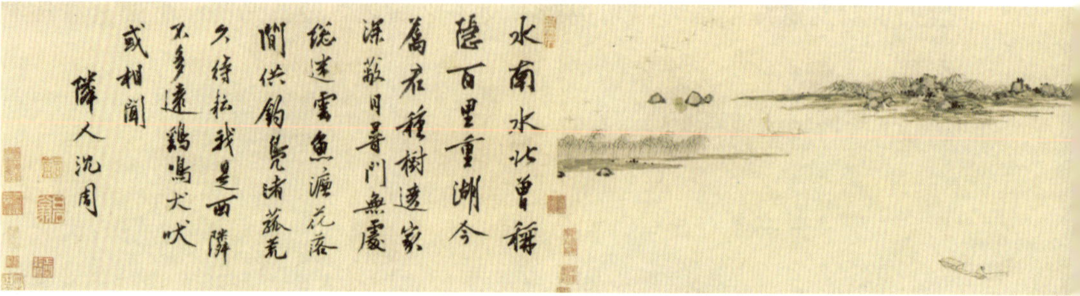

图2.10　沈周《有竹邻居图》　明　纸本设色　纵28.2厘米，横210厘米　上海博物馆藏

有竹居地处相城郊外，不仅成为沈周躲避暑热的宅邸，也为沈周提供了安心隐居之所。若无友人上门拜访，沈周或是高枕晏眠，扫地焚香；或是抄书习画，习静参禅。（图 2.11）沈周对于有竹居的隐居的生活亦颇为自得，如其《市隐》曰：

> 莫言嘉遁独终南，即此城中住亦甘。浩荡开门心自静，滑稽玩世估仍堪。壶公混迹无人识，周令移文好自惭。酷爱林泉图上见，生憎官府酒边谈。经车过马常无数，扫地焚香日再三。市脯不教供座客，户庸还喜走丁男。檐头沐发风初到，楼角摊书月半含。蜗壁雨深留篆看，燕巢春暖忌僮探。时来卜肆听论易，偶过农家问养蚕。为报山公休荐达，只今双鬓已毵毵。

从沈周《闲居》一诗“时歌吾亦爱吾庐”之句，不难看出其对于隐居生活的适意与满足。闲坐闲眠颇得野意真趣，沈周通过绘画传达了他的林泉之志。沈周在《卧游》册跋文中言及：“宗少文四壁揭山水图，自谓卧游其间。此册方可尺许，可以仰眠匡床，一手执之，一手徐徐翻阅，殊得少文之趣。倦则掩之，不亦便乎？”宗少文即最早提出“卧游”理论的南朝宗炳，“卧游”指不出家门，便可于四壁的画中游览山水。而沈周的《卧游》册却不限于山水题材，花鸟果蔬，甚至昆虫（图 2.12）都进入了画家的视野，成为游目寄情、澄怀观道的对象。《卧游》册多用没骨笔法，勾勒晕染设色简淡，形神兼备，古雅不群。

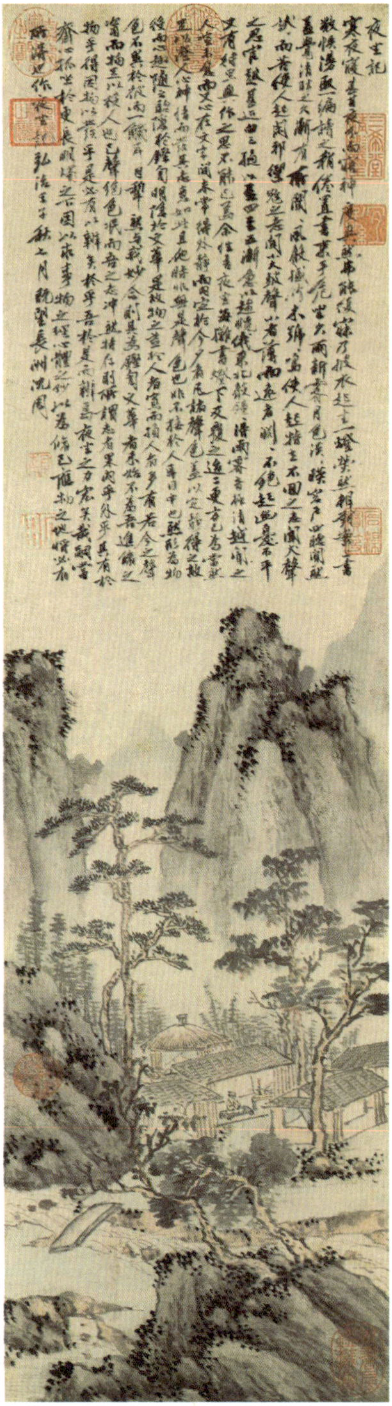

图2.11　沈周《夜坐图》
1492年　纸本设色
纵84.8厘米，横21.8厘米
台北故宫博物院藏

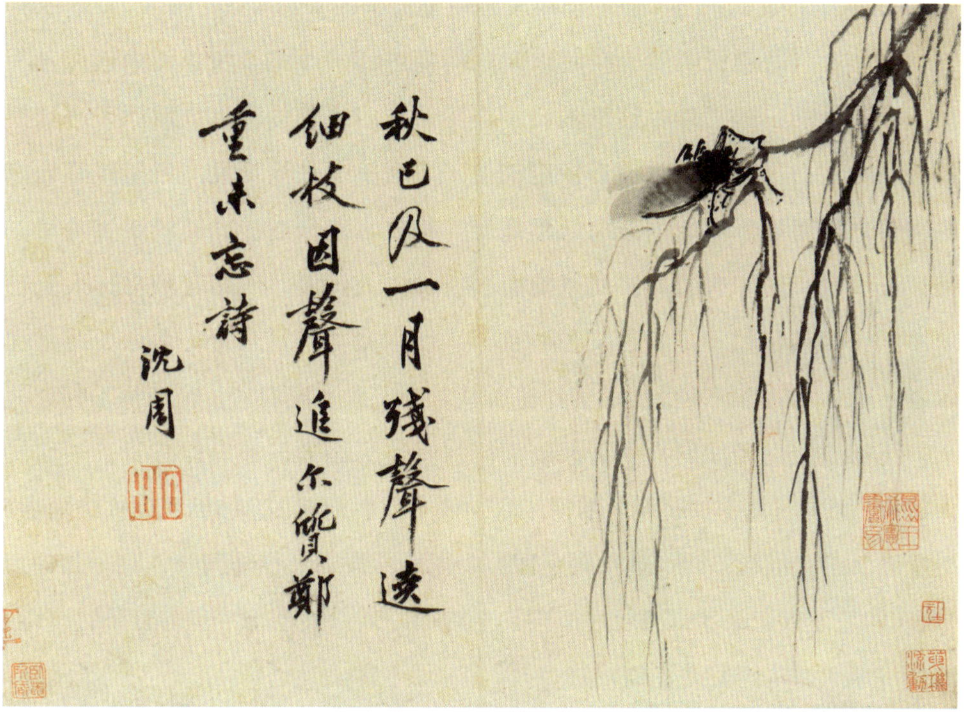

图2.12　沈周《卧游》册之《秋柳鸣蝉》　明　纸本水墨
纵27.8厘米，横37.3厘米　故宫博物院藏

赏鉴交游

有竹居建成之后，成为沈周与友人聚晤雅集、欣赏古物的佳处，也见证了沈周与挚友一生的情谊。成化二年（1466），刘珏与徐有贞乘船来到相城。沈周盛情接待两位友人，“主人爱客甚，尽出所有图史与观”（《珊瑚网》卷三八），这次雅聚的产物，便是现藏于苏州博物馆的《烟水微茫图》（图2.13）。

画家对当时流行的“一江两岸”式构图进行了改造，在画面中景加入一片苇草蔓生的田畦，使倪瓒原本表现凄冷萧瑟的经典构图形式增添了一丝平易恬淡的世俗气息。山水树石皆用淡墨干笔皴擦，浓淡得宜，用笔粗厚处颇似吴镇，江南朦胧烟水的景象跃然纸上。徐有贞跋于卷上：“风逆客舟缓，日行三里余。遥知有竹处，便是隐君居。诗中大痴画，酒后老颠书。人生行乐尔，世事其何如。”刘钰又和一首：“烟水微茫外，舟行一舍余。既觅沈东老，还寻陶隐居。冰弦三叠美，茧雪八分书。醉和阳春曲，空疏愧不如。”

汪砢玉在《珊瑚网》中著录的沈周《有竹居画卷》亦有徐有贞、刘珏二人跋诗，且与《烟水微茫图》基本一致，仅个别字词有出入。但《有竹居画卷》根据画名应为横幅，而《烟水微茫图》为立轴，故二者应非同一作品。此外，《珊瑚网》不仅记录了《有竹居画卷》上有徐、刘二人题诗，还有周鼎的题诗，而今《烟水微茫图》并无周鼎诗。

成化八年（1472）八月，沈云鸿持沈周尺牍及此卷拜访客居苏州城内的周鼎，这应该是《有竹居画卷》上周鼎题诗之由来。自周鼎与沈周在有竹居晤面后，一别经年。据周鼎题诗，当年沈周还在修葺有竹居，而今已“见说君家竹，阴凉十亩余”了。应沈云鸿之邀，周鼎不久便赴相城，与沈周在有竹居重聚。有竹居的图像在此成为了一种社交的手段——不仅可以邀请友人在画卷上题写跋文，形成收藏者与友人的互动，同时传递了对友人来访的欢迎之意。

图2.13　刘珏《烟水微茫图》
1466年　纸本水墨
纵139.4厘米，横44厘米
苏州博物馆藏

若细览沈周藏品《林逋手札二帖》（图 2.14）的题跋，亦可从中勾勒出沈周在有竹居的几段交游。林逋，字君复，北宋初年著名隐逸诗人。隐居杭州西湖，结庐孤山，常驾小舟游西湖诸寺庙，与高僧诗友相往还。林逋终生不仕不娶，惟喜植梅养鹤，人称“梅妻鹤子”，宋仁宗赐谥“和靖先生”。沈周题跋曰：“我爱翁书得瘦硬，云腴濯尽西湖渌。西台少肉是真评，数行清莹含冰玉。宛然风节溢其间，此字此翁俱绝俗……”（图 2.15）从中便可一见沈周对恬淡好古、不趋名利的林逋之仰止之情。

成化十一年（1475）三月望日，陈颀过有竹居拜访，可惜此时沈周正与张渊、周鼎在苏州城内游处，故未得相晤。沈云鸿出其父所藏的《林逋手札二帖》与观，以消除陈颀未遇沈周之遗憾。陈颀认为此卷“俗尘俱遣”，并勉励云鸿可于翰墨之外求林逋之高风。（图 2.16）

成化十四年（1478）二月吴宽来访，沈周亦将珍视的《林逋手札二帖》展卷与观。吴宽赏玩林逋遗墨后，题写二跋表达对林处士之敬仰。（图 2.17）沈周还命云鸿取出商乙父尊古器以及李成、董源等古画，供吴宽赏玩。十五年后吴宽再访有竹庄，回忆起当年情景，在《有竹居画卷》中题写诗跋云：“系舟高柳下，又是十年余。遥踏无梅径，重寻有竹居。笔精知宋画，器古鉴商书。前辈诗题在，风流邈不如。曩余访启南，一宿有竹别业。今复过之，不觉十五年矣……”（《珊瑚网》卷三八《有竹居画卷》），颇有今昔之叹。

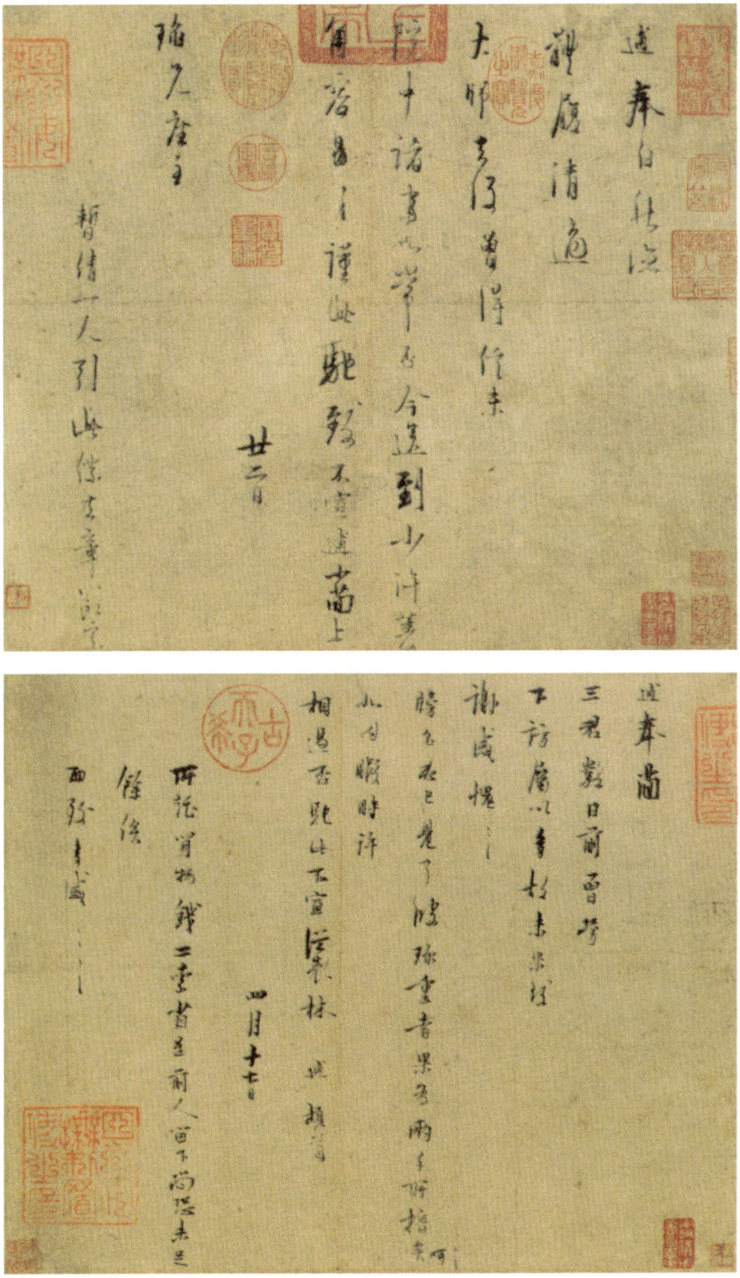

图2.14　林逋《林逋手札二帖》　宋　纸本
纵42.3厘米，横60.6厘米　台北故宫博物院藏

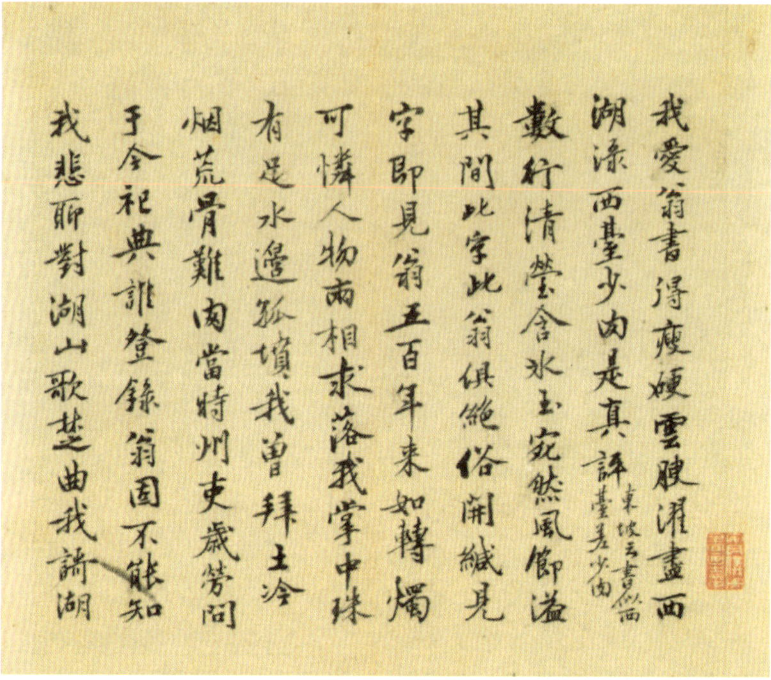

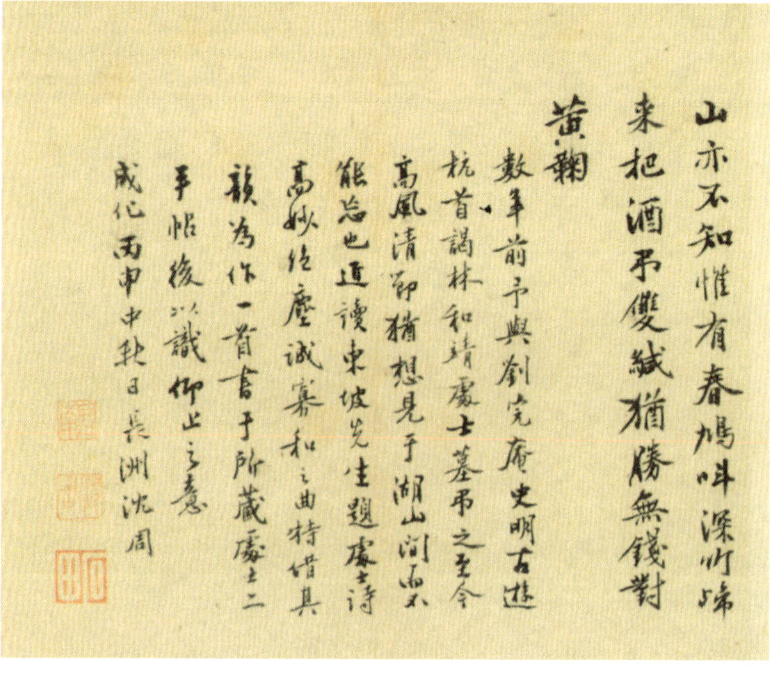

图2.15 《林逋手札二帖》沈周题跋

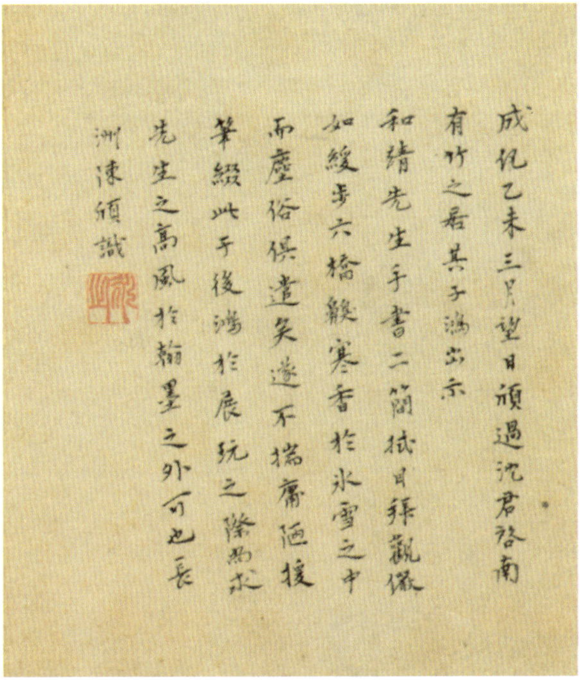

成化乙未三月望日頎過沈君啓南
有竹之居其子維出示
和靖先生手書二簡拭目拜觀儼
如綴步六橋躡寒香於冰雪之中
而塵俗俱遣矣遂不揣膚陋援
筆綴此于後維於展玩之際而求
先生之高風於翰墨之外可也長
洲陳頎識

| 图2.16 《林逋手札二帖》陈颀题跋

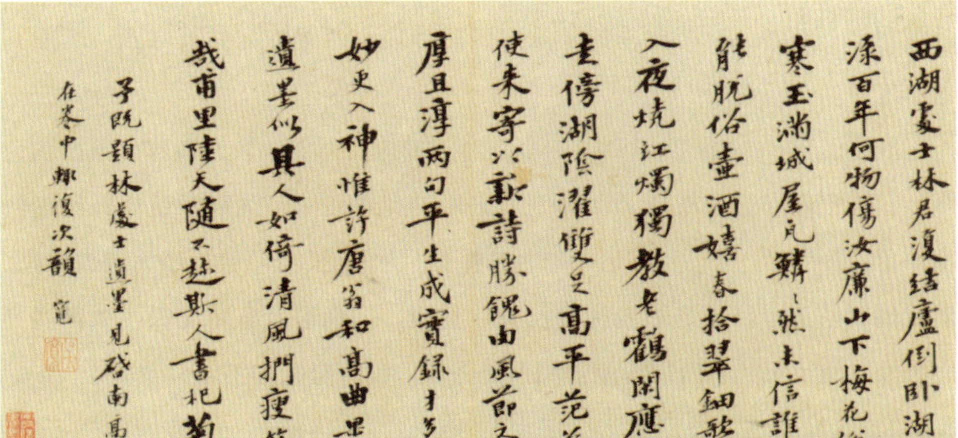

西湖處士林君復結廬倒卧湖波
湥百年何物傳汝廉山下梅花缆
寒玉滿城屋瓦鱗鱗然未信誰人
能脫俗壺酒嬉春拾翠鈿歌鍾
入夜燒紅燭獨教老鶴閑應門
主傍湖陰濯雙足高平范公遣
使來寄以新詩勝龍由風節文章
厚且淳兩句平生成實録寸多墨
妙更入神惟許唐翁和高曲果然
遺墨似其人如倚清風捫瘦竹惜
哉甫里陸天隨不起斯人書把菊
予既題林處士遺墨見啓南屬依
在卷中輒復次韻 寬

| 图2.17 《林逋手札二帖》吴宽题跋

寺观小寓

西禅寺

受父亲沈恒的影响，沈周每次入苏州城皆于僧寺中小住。少年时期沈周随父亲沈恒入苏州便借宿于城中的西禅寺中，自此沈周与寺僧明公的友谊延续了三十余年（《珊瑚网》卷三八《石田有竹居画卷》）[①]。据《姑苏志》记载，姑苏城四边有东禅、北禅、南禅、永定四座寺庙。西禅寺在姑苏城西，后归并入永定寺。

成化五年（1469）沈周四十四岁之时，曾应西禅寺明公之邀作《溪峦秋色图》，惜已不存。但根据《珊瑚网》记录的此卷题跋，沈周于是年五月短暂地停留西禅寺后，至十月下旬才与明公重见。为志契阔，明公出纸请沈周作画。若沈周时隔五个月不曾去西禅寺已算"契阔"，则可以推见沈周往来西禅寺之频繁，也足见其与西禅寺僧侣关系之密切。沈周自题如下：

① 参见陈正宏《沈周年谱》，第 37 页。

予虽江乡人，岁入郭无虚月。然未尝一假居廛市，假必明公所，往来逾三十年。明公无烦于余，余亦无所惮也。（《珊瑚网》卷三七《沈启南溪峦秋色图》）

沈周自嘲是乡野之人，三十多年来每次进城从未居住在闹市之中，如果要留宿则一定会去西禅寺找明公。明公贴心地不来打扰，故沈周在禅院里也住得安心。画上除了沈周的题跋，还有伯父沈贞与父亲沈恒的题诗，可见沈周父辈与西禅寺明公盖有旧交。

东禅寺

沈周客宿禅院并非全为修禅，更多是寻一清净之地读书作画。除了西禅寺，沈周也经常往来苏州城内的东禅寺。现已不存的《菊花图》，据《寓意录》记载当为沈周客东禅寺而作；此外，沈周集中还有《东禅寺夜赏牡丹》等诗文，显然也是在此所作。

沈周著名的《落花诗》，亦作于东禅寺内。《真迹日录》载："右咏落花诗三十首。弘治辛酉三月下浣，书于东禅精舍。"[①] 并无绘图记载，现存于台北故宫博物院的《落花图》（图 2.18）不知是否后所增补。《落花诗》中，沈周自言"春事阑珊意已灰"，固然有前一年丧子之痛的因素。但"物不可长知堕幻""势因无赖到轻生"这类佛教用语的出现，如果不了解当时沈周居住在东禅寺的背景，很难准确地把握《落花诗》中包蕴的世事无常之感。

① ［明］张丑撰，徐德明校点《清河书画舫》附《真迹日录》，上海古籍出版社 2011 年版，第 675 页。

图2.18　沈周《落花图》（局部）　明　纸本设色　纵30.7厘米，横138.6厘米　台北故宫博物院藏

承天寺

弘治四年（1491）秋日，沈周入苏州城，本欲借宿东禅寺，但寺僧信公此时已仙去，无奈沈周只能转而去了承天寺。承天寺初为梁陆僧瓒故宅，原名广德重玄寺（一作重云寺），北宋初改为承天寺，宣和中又改能仁寺，后合称承天能仁寺，又名双峨寺。元至正十六年（1356）张士诚据为王府，四年后复为寺，今寺遗迹无存。沈周诗中经常出现的“双峨寺”或“双娥寺”，即为承天寺。因寺门前有两座土丘，也有传说门前有两块巨大的石头，故名双峨寺。《秋林读书图》（图 2.19）款曰“辛亥孟秋廿日，沈周寓双峨僧舍画并题”，大概是此次在承天寺小住的成果。弘治十三年（1500），沈周寓于双峨寺中，见海棠盛开，好友陆汝器在座，故为其作《折枝海棠图》（图 2.20）。

寺院为文士提供清净的短暂借寓之所，而文士则为寺僧作画作为住宿的

回报，亦为当时常见。如在弘治六年（1493），沈周就在承天寺的习静房内为玉溪上人作了《林堂思清图》[①]。如成化十五年（1479）二月，沈周重游庆云庵观杏花，寓于僧舍之内。第二日，寺僧出纸索画，于是沈周为其作画并赋诗其上，“还宜夜坐了余兴，静免蜂蝶来纷争”，可见僧寺乃是沈周避免过多应酬之地。

除了沈周之外，其他文人也有寓僧舍之习惯。成化十五年（1479）十一月，沈周因疾病入苏州城寻医，可是到达城中已经太晚，以致无处问药，只能找僧舍先住下。没想到却在僧舍里遇见了故人陈蒙（？—1482）。于是两人把酒言欢，沈周未能求医的失落之情也烟消云散：“娓娓情话余，互问新述作。

① 参见［清］陆时化撰，徐德明校点《吴越所见书画录》，上海古籍出版社2015年版，第282页。

图2.19　沈周《秋林读书图》
1491年　纸本水墨
纵154.3厘米，横31厘米
台北故宫博物院藏

图2.20　沈周《折枝海棠图》
1500年　纸本水墨
纵87.5厘米，横28.6厘米
美国克利夫兰艺术博物馆藏

图2.21　沈周《画雪景图》　明　绢本水墨
纵207.7厘米，横103厘米　台北故宫博物院藏

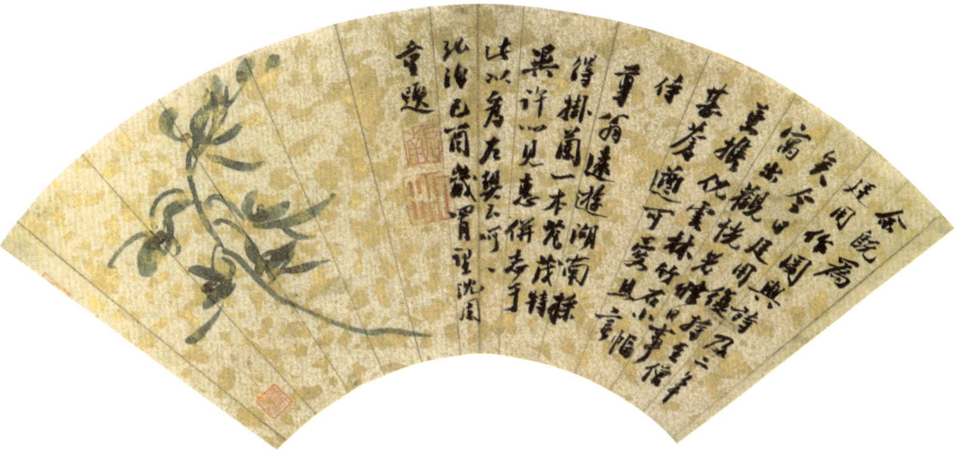

图2.22　沈周《挂兰图》　1489年　纸本设色
纵15.7厘米，横42.7厘米　上海博物馆藏

图2.23　沈周《花鸟图》册之《蜀葵》　明　纸本设色
纵30.3厘米，横52.4厘米　苏州博物馆藏

从容发歌咏，时或间嘲谑。”聊起最近新诗，又连句唱和，最妙的是“偶耳沧海间，合此千里鹤。天亦喜留客，簌簌细雪落”。久别的故友，今日居然在僧舍偶然得见。若非天意，就不会有这样的巧遇。僧舍外的细雪缓缓落下，偶遇的欣喜随着茶香漫溢在宁静的夜晚。（图 2.21）

《挂兰图》扇面（图 2.22）是成化二十三年（1487）沈周为吴廷用所作，两年后吴氏携此扇面至僧舍请沈周题跋，并带来倪瓒的竹石小幅画一起观赏。友人有时竟径直去寺院找沈周聊叙，一起欣赏翰墨丹青，可见其在寺院短住应该是常有之事。弘治八年（1495）的端午节，沈周客居东禅寺，友人世荣带来粽子与酒，酒酣之时，沈周作《蜀葵百合图》并填《鹧鸪天》词于其上。（图 2.23）

草　庵

草庵始名大云庵，后又名吉祥庵、结草庵，始建于元代至正年间。弘治十年（1497），沈周进城后寓于大云草庵，欣然为茂公作《草庵图》（图 3.4）并附《草庵纪游诗引》。沈周评价此庵“山空水流，人境俱寂，宜为修禅读书之地”。沈周用俯视的角度描绘出草庵的全貌：庵前是十余亩的放生池，池上唯有板桥横渡，一老人正走向庵前；草庵被粉墙与竹林环绕，安静地宛如世外桃源；庵后是大片的稻田，仿佛可以听到磬音缭绕，杜宇声声。

回塘抱高木，沉影蔼虚壁。暮鼓晨钟，一挥已数百年。

遊

游妙明庵

早雾未消迷过湖，妙明春日步堪迂。
门悬断岸溪桥接，水限比邻野寺孤。
侍者鸣琴动春鸟，长年引席候风乌。
偶然此集真鸿迹，乘兴还留水墨图。

李　铀　本硕博分别就读于清华大学美术学院、香港科技大学、香港城市大学，先后师从傅立萃教授、李孝悌教授，现任东南大学历史系讲师。博士论文题为《明代苏州实景山水绘画研究》，曾发表《〈溪山雪意图〉小考》《胜景的流变：明清视觉文化中的金陵胜景图》等文，主要研究方向为中国古代绘画史、明代吴门画派、实景山水画、明清城市文化等。

从大自然中汲取养分丰富艺术，一直是伟大的画家们推陈出新创建自己艺术风格，并为之注入独特精神内涵的不二法门。唐代山水画大师张璪曾言：“外师造化，中得心源。”（《历代名画记》卷十）沈周无疑是这一理念的践行者。

文人阶层爱好行旅与壮游，是明代一个极有代表性的文化特色。明代文人对行旅有着浓厚兴趣，或借任官之便，或专程探访，力求遍访天下名山大川，有的以此为人生最大的爱好，称自己有“游癖”；有的甚至以此为人生志业，最为著名的就是徐霞客了，为后世留下了不朽的《徐霞客游记》。这种行旅文化带来的一个结果便是游记文学的兴起与风靡，不仅文人诗文集中的游览之作多了起来，有人甚至单以自己的游记结集成书，刊行于世[①]，明代文人对于旅游的热爱可见一斑。这股爱好旅游的文化热潮在 16 世纪之后开始兴盛，

---

① 参见周振鹤《从明人文集看晚明旅游风气及其与地理学的关系》，《复旦学报》2005 年第 1 期，第 72—78 页。

而在沈周生活的 15 世纪中后期，还不甚热烈，尚处在萌而待发之态。

沈周一生游历踪迹有限，以他的家乡苏州为中心，所至最西和最北不过是当时的留都南京，而向东南方一生中有两次杭州之行，其中一次南抵闽浙边界的天台山。除了这次天台之行，沈周一生不曾跨出三吴地界，所有行旅往来都在江南水乡乐土之内。我们可用“浅游”或“近游”来形容沈周的旅游活动，几乎没有晚明流行的那种专为探访名山大川而进行的“壮游”和“远游”。其中原因，一方面跟沈周终身不仕有关，不能借任官而得“宦游”的机会；另一方面也跟时代的风气有关，此时还不似晚明将旅游看作一件“名高”之事，旅游被很多文人视作不入流的末事，而非正业。如比沈周年代稍晚的理学家湛若水（1466—1560），曾在为友人远游所作的文章中将游分为形游、神游与天游三等，并以天游为最上，神游次之，而形游为下等。然而沈周一生性情豁达率意，既不为科场仕途所累，也不苦心钻营治国平天下的大道，而是寄意于诗画、畅游于山林。这种洒脱的隐逸人生成为此后许多文人羡慕与追访的对象，而他从浅游的经历中得来的山水诗画，也可视为明代后期大兴的旅游热潮之先声。

作为一位文人画家，沈周在游历之余，赋诗吮毫，不但与友人及同时代多数文人一样创作诗文来记事抒情，许多时候还会用绘画的方式来记录自己的所见所闻，用笔墨意趣来展现自己的阔达胸怀与精神世界。下面就跟随沈周的笔迹与足迹，一探其眼中的明代苏州与江南。

城市山林

成化十五年（1479）四月九日，沈周本欲前往西山一带游玩，但途中天色已晚，于是调转船头，来到虎丘旁的水岸边泊船休息。借此机会，沈周临时起意夜游虎丘，并将此次夜游经历以诗纪之（《四月九日因往西山，薄暮不及行，舣舟虎丘东趾。月渐明，遂登千人座，徘徊缓步，山空人静，此景异常，乃纪是作》）。十四年后，沈周专门绘制了一幅《千人石夜游图》（图 3.1）以画笔追忆了这次不寻常的夜游经历。

画面上只见空旷的千人石上一文士孤身行走其中，正是沈周自己，与之身影相称的无非三座石塔。画面左右两侧则是树木与坡石，用笔率意而不失规则，层层的墨线短皴，乃系沈周对五代董源、巨然一脉风格的理解和化用，淡墨层累，辅以浑圆的浓墨点苔，使树石显得质朴而苍润。整幅手卷尺幅虽不小，但构图并不复杂，两侧的树木坡石将中间的千人石包围起来，截景的视角也使得上下并无多余的空间，千人石宛如一座空旷的舞台。更为有趣的是，千人石留白，仅在周围的一些地面有非常淡的墨色渲染，使得千人石整

图3.1　沈周《千人石夜游图》　1493年　纸本设色　纵30.1厘米，横157.1厘米　辽宁省博物馆藏

段与两侧着意描绘的坡石形成鲜明的对比，一白一黑、一疏一密，无形之中更加凸显了千人石的空旷和幽寂之感。想象一下，夜色四合，明月当空，月光洒下，犹如水银泻地，光洁的千人石被映照得分外明亮。四周树木荫翳，连同石畔白莲池的池水，都笼罩于幽暗的夜色之下，或许只有虫鸣之声相伴。正如沈周在诗中所说："亦莫费秉烛，步月良可喜。月皎光泼地，措足畏踏水。"处在这样的环境之中，沈周神情涤荡，生发一段禅思："一步照一影，千影千人比。一我欲该千，其意亦忘矣。譬佛现千界，出自一毫尔。"或许是明月空山太令人陶醉，又或许是诗兴大起难以平复，沈周命童子叩开僧房向僧人借来茶叶，又打上第三泉的清泉，在松下品茗赏月："石鼎沸风怜碧绉，磁瓯盛月看金铺。细吟满啜长松下，若使无诗味亦枯。"（《是夕命童子敲僧房汲第三泉煮茶坐松下清啜》）不知饮毕这盏清茶，还能安然入眠否？

那么沈周何故要夜游虎丘，仅仅是这美好的月色使他觉得极不寻常吗？答案可能并非这么简单。原来这虎丘作为名胜，离苏州城太近，又位于苏州城与大运河连通的要道上，山塘一带交通便利，商贸发达，所以导致白天来

此的游人太多，使虎丘内喧闹嘈杂不堪，许多富贵人家甚至摆酒设宴，又狎妓以歌舞助兴，实在有扰禅林古迹的清净。我们且看沈周诗中所述：“城中士与女，数到不知几。列酒即为席，歌舞日喧市。今我作夜游，千载当隗始。澄怀示清逸，瓶罍真足耻。”可见沈周的夜游既是凑巧的乘兴之举，又是一次难得的意外收获。他为此也颇为自得，认为如此一来可与那些酒肉歌舞之徒区别开来，独辟蹊径，寻得自己优游山林所追求的清逸之志。

虎丘是名扬天下的“吴中第一名胜”，相传吴王阖闾埋葬于此，并且以包括“扁诸”“鱼肠”等名剑在内的三千宝剑投入剑池中陪葬，后来剑精化为白虎蹲于丘上，于是得名虎丘。经历代文人墨客题咏，使得虎丘声名远播。更为重要的是，虎丘所承载的春秋吴国史事与传说，是沈周等苏州文人建立地方认同感的源泉。

其实沈周一生曾多次游览并描绘虎丘，其单纯独自赏景倒在少数，更多时候，或是陪同友人，或是为友人饯别，或是拜访云岩寺的僧人。可惜留存至今的画作不多，如作于弘治七年（1494）的《虎丘恋别图》（图 3.2），就是

图3.2　沈周《虎丘恋别图》
1494年　纸本水墨
纵70厘米，横27.2厘米
无锡博物馆藏

图3.3　沈周《虎丘十二景图》册之《千人石》　明　纸本水墨
纵31.1厘米，横40.2厘米　美国克利夫兰艺术博物馆藏

为友人赠别而作，然而画中对虎丘的描绘并非以“写真”为意，只是程式化的应酬之作。沈周对虎丘描绘得最为细致的，要数《虎丘十二景图》册，其中也有一帧描绘了千人石（图 3.3），从中能够看出沈周与其士大夫友人游览虎丘的一般情景。画中千人石上文士三两相对而坐，似正赏景与畅谈，右侧有一文士背手立于石塔之前，好像在认真释读塔上铭文。左下、右下各有两名随行的童仆，其中右侧一对童仆手中捧着水瓶与杯，应是要侍奉茶酒饮品。童仆与文士之间还有一僧人，正与文士交谈。此画所描绘的，正是沈周所开创的明代吴派纪游图的典型。其内容多是文人士大夫游览名胜，或行或坐于山水之间，有童仆随行侍奉，遇到有寺院之处，往往有僧人接待，见不到一

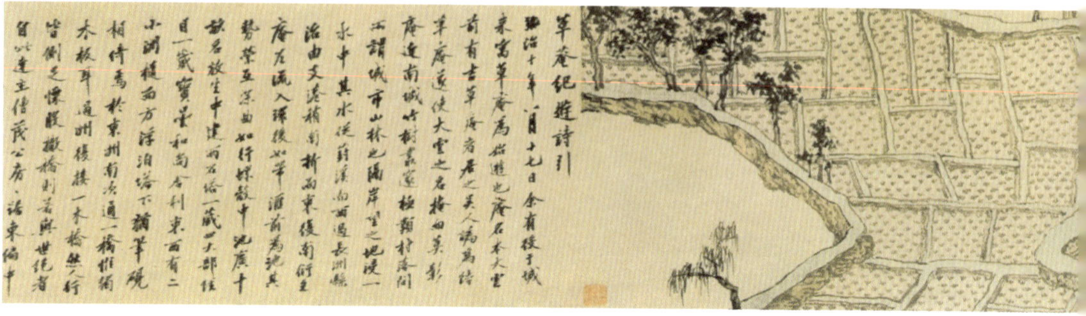

图3.4　沈周《草庵图》　1497年　纸本设色　纵29.5厘米，横155厘米　上海博物馆藏

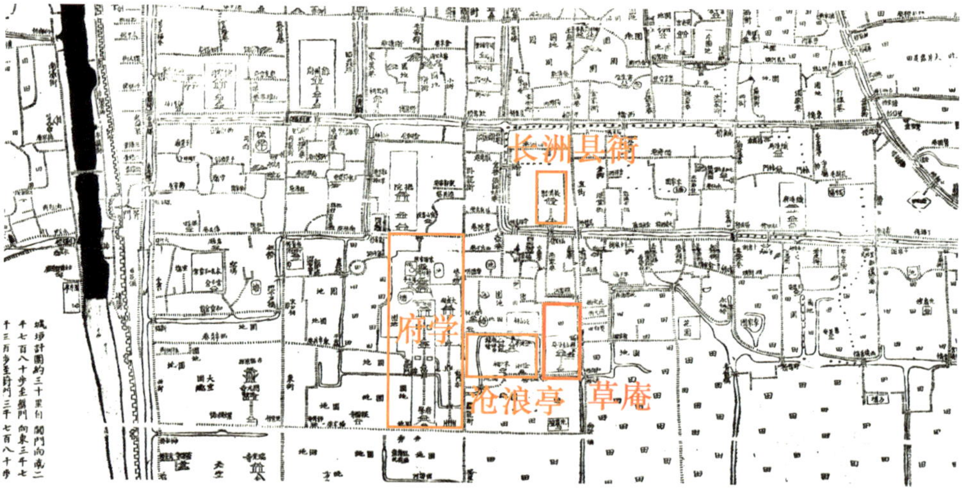

图3.5　乾隆年间姑苏城图中草庵所在位置示意

般民众的活动。这实则是一种旅游活动的私人记录，犹如我们今日旅行时所发的朋友圈或 vlog（即微视频）。《千人石夜游图》中所记录的夜游活动是种不得已的特别之游，从中恰可看到文人士大夫与普通民众旅游活动之间的一种紧张关系。而沈周的纪游图与诗文能使山水古迹独属于“我”，这或许是在科技发达的今日，我们拿出手机便唾手可得的影像所无法做到的。

沈周不仅可以在城外虎丘寻得山林之乐，在苏州城中也可以找到远离市井喧嚣的“城市山林”。弘治十年（1497），时年七十一岁的沈周来到苏州城中办事，顺便借住于城南的一座名为“结草庵”的小庙，后应住持茂公之请，绘制了《草庵图》（图 3.4）。这座庙位于府学的东侧，毗邻著名的沧浪亭。（图 3.5）沈周在画后的《草庵纪游诗引》中说道：“庵近南城，竹树丛邃，极类村落间，所谓城市山林也。”原来繁华的苏州城中也有此种幽静闲旷之地！

随着画卷展开，我们可以看到上方岸边一策杖高士正徐行而来，无疑便是沈周自己，他的前方是一片有前后两座小桥联通的石桥，过桥便是草庵，庵前的水中，有两座石塔矗立。再读记文，我们仿佛跟随沈周走入了画中，见到了画中人眼前的景象：

> 隔岸望之，地浸一水中……池广十亩，名放生，中建两石塔……东西有二小洲，椭而方，浮泊塔下，犹笔砚相倚焉。于东洲南次通一桥，惟独木板耳。过洲复接一木桥，然人行皆侧足栗股，撤桥则若与世绝者。自此达主僧茂公房……（《草庵纪游诗引》）

再来看画，这水中的小洲与石塔，是否如沈周形容的，像书桌上的平躺的砚台和立起的笔尖？我们仿佛看到白石翁老先生颤颤巍巍地走过独木板桥，忍不住前去搀扶。过桥之后，真若拆去桥板，环视四周与隔岸的竹树田畦，哪里还记得自己与繁华的街市、森严的衙署仅数街之隔？

画中寺前可见一位僧人静候沈周的到来，而他身后的草庵，倚靠在一座小坡之上，四周全为竹林环绕。建筑的描绘看似相当率意，其实对空间结构的说明非常清楚，佛殿分为两进，前殿的供桌和主殿门中露出的半截佛像均清晰可见。佛殿东西又各有一小院，主僧茂公正坐在东院的房间里等待沈周的到来。按沈周的话说，整座寺院"山空水流，人境俱寂，宜为修禅读书之地……地理家谓其四兽俱全，风气藏郁，吴城诸兰若莫之及矣"（《草庵纪游诗引》）。

从这幅《草庵图》中，我们看到的不仅仅是沈周出游活动中某个片段的描绘，如前面所见构图较简单的《千人石夜游图》和《虎丘十二景图》中的单幅场景，而是将进入草庵的路线与整体环境周到地描绘了一番：从庵前的池水与小洲，到倚靠在山冈前的草庵，再到冈后漫漫田畦，可使画面分为三段来读。图画内容与纪游文字高度呼应，使得这幅手卷画具有了一种强烈的时间与空间线索，我们仿佛借由文字和图像，重访了一次沈周的草庵之行。

吴中诸山

除了离城较近的虎丘，苏州城西约三十里外有连绵的群山矗立在城区与太湖之间，包括了灵岩、天平、支硎、天池、阳山等。更远些的西南方，临近太湖边还有邓尉和穹隆，往往被合称为“吴西诸山”或“西山”。此外还有苏州城西南石湖畔的上方、横山、尧峰，以及太湖中的洞庭东西山，全都属于吴县境内，是苏州文人们寻访山林最主要的去处。（图 3.6）如成化十七年（1481）的仲春时节，沈周与华珵、李应祯等一众官员友人游览了郡西诸山，并且赋诗作图，可惜图已不存。此次行程借宿于各山僧舍，得诗九首，其中不乏描写山景和纪行的诗作：

> 天平合在名山志，山下祠堂更有名。何地定藏司马史，此胸谁负范公兵。高屏荡日云霞乱，杂树交花鸟雀争。要上龙门豁长啸，世人无耳著鸾声。（《天平登白云亭》）

图3.6　苏州城以西诸山位置示意

佛国有池峰顶见，楼台倒影入沄沄。源通贡海石中发，气接银河天上分。抱子龙君吟夜雨，洗头玉女动春云。诗肠一渥便归去，过岭微钟西日曛。（《游天池》）

振策凌危磴，石门越深窅。虚亭跨周行，小憩闻春鸟。坐斑伐枝叟，杂束有瑶草。其芳将遗谁，欲问不敢道。（《登放鹤亭》）

藤轿登登去，清明作伴行。烟霞领仙路，猿鹤险凡情。茶磨缘泉转，匏尊激吹鸣。山僧正佛课，惊断扣门声。（《南峰寺》其二）

著名的古迹姑苏台位于横山西北的余脉上，如同虎丘一样，这里掩埋的吴国历史使沈周每逢与友人登临时，都能抒发怀古之思：

佳节登高有古台，群公暇日兴游哉。东南大镇才堪倚，西北长安首重回。细雨漫教头上过，浮云不向日边来。诗成白雪真难和，且对清尊

笑口开。（《陪吕府倅华节推九日登姑苏台次韵·次华韵》）

把酒吊往迹，茫茫几鹿游。兴旺两国梦，感慨一台秋。战叶风仍乱，争流江未休。倾城美人事，残堞暮云愁。（《登姑苏台》）

有时沈周在游赏西山时还能遇到友人，更是难得的意外收获：

林蹊相值夕阳边，迹似无官意有仙。高笠冒云宜我画，小词磨石信僧镌。山逢佳处肩迟轿，眼落闲时袖出编。随后担夫亦殊俗，花框酒榼两头悬。（《支硎山麓逢杨君谦》）

有趣的是，这首诗的墨迹现存于一幅画作之后，因此曾有人将那幅画作题为《支硎遇友图》（图3.7）。其实若我们仔细读一下画上的题识就会发现，这幅画是为另一友人“时葺”所作，而非杨循吉（字君谦）。所以画与诗是后人拼接而成，二者并无直接关系。

现在所能见到的沈周关于西山的画作，最为可观的要属六十岁时所作的《西山纪游图》（图3.8），虽被后人题为“纪游”，但并非是某次游览西山后的纪实之作，而是综合了他历次游览西山经验，凭借想象所画的。诚如他在跋文中所说：

余生育吴会六十年矣。足迹自局，未能裹粮仗剑，以极天下山水之奇观以自广。时时棹酒船，放游西山，寻诗采药，留恋弥日，少厌平生好游未足之心。归而追寻其迹，辄放笔想像，一林一溪、一峦一坞，留几格间自玩。所愧笔墨生涩，运置浅逼，无古人悠远层叠之意，大方家当有诮也。

这卷山水笔墨潇洒粗率，多用黄公望与倪瓒的笔法。画卷开头一段坡脚几株

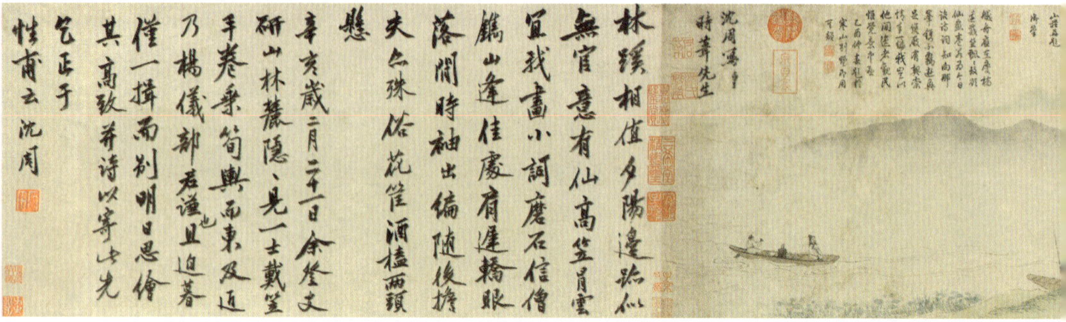

图3.7　沈周（款）《支硎遇友图》　明　纸本设色　纵26.5厘米，横131.1厘米　美国弗利尔美术馆藏

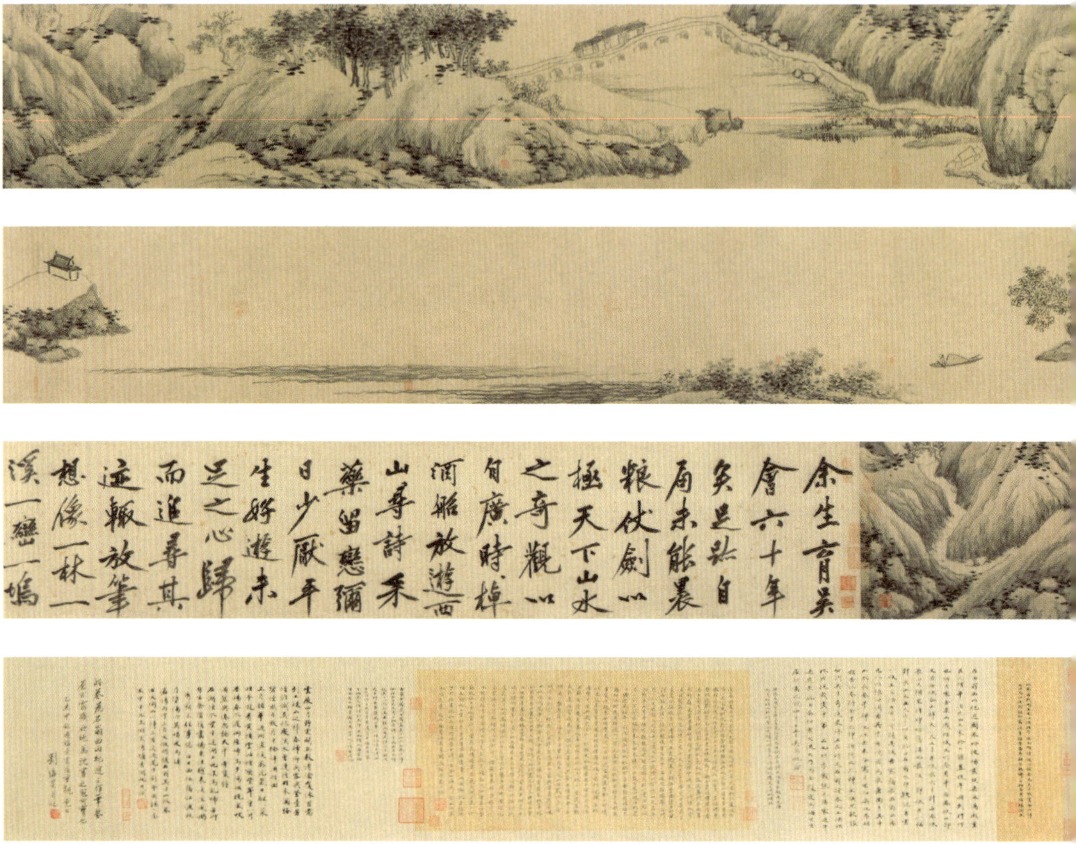

图3.8　沈周《西山纪游图》　1487年　纸本水墨　纵30厘米，横125.5厘米　上海博物馆藏

苍树间引出一条小径，随后在野村间的石桥上，我们又见到熟悉的文士策杖，将我们引入画中。画卷的中段山体充满画面，分布有石桥、瀑布等景致，山路也穿行其间。这种截景式的构图不见山峰与山脚，使人联想到行进在山间小道上的经历与感受。之后一段开阔的水面上，画中人物又改乘小舟再次出现。登岸以后的一段山路中，有一茂密竹丛掩映下的小院，可能是一处乡间别业，正如同沈周在游览西山时顺便造访的友人住所一样。最末又是一条山路，蜿蜒盘桓进入山谷之间，是欲徘徊于山林，不想返还尘世。

沈周在跋文中说自己一生足迹有限，不能遍访天下名山，故而流连于苏州西山，以满足自己“好游未足之心”。其实沈周曾有过两次杭州之行，可算是填补了一番他的“好游之心”，且极大地滋养了他的诗思与画艺。

杭州之游

沈周两次出游杭州，均是与友人结伴而行。一次在成化七年（1471）二月，时年四十五岁的沈周与师辈刘珏、好友史鉴及弟沈召相约游杭州。月初启程，四日舟行至吴江，在史鉴家住宿两日，六日再启程。在抵达杭州前的路途上，刘珏就为沈召作了《临安山色图》并赋诗以为纪念，史鉴、沈周和诗，沈周在诗后附有一段小记：

> 刘佥宪挈予三人游临安，阻雪于檇李。佥宪为继南弟作小景短吟，种种可羡，湖山之胜，恍在目前，尚何待于南游哉。史明古偕予和之，聊遣客怀尔[①]。

几人到达杭州以后，借宿于佛寺僧房。之后约半个月的时间里，大家一起遍

① ［清］陆心源纂辑，陈小林点校《穰梨馆过眼录》卷一三，上海书画出版社2018年版，第236页。

游西湖山水，寻访杭城内外古迹寺观。其间一行人在飞来峰逗留数日，沈周还给提供僧房借宿的详上人留下了一幅《仿大痴道人灵隐山图》手卷，题诗并跋曰：

湖上风光说灵隐，风光独在冷泉间。酒随游客无虚日，云伴诗僧住好山。松阁夜谈灯火寂，竹床春卧鸟声闲。佛前不作逃禅计，丘壑宜人久未还。

刘公佥宪、史君明古偕余及继南弟为湖山之游，至飞来峰，不忍去者累日。夜宿详上人所，索纸墨图此，以为兹山写真，因系以诗云。成化辛卯春仲望日，长洲沈周[①]。

从诗中可以看到沈周等人在僧人的陪同下，白天游山玩水、饮酒咏诗，夜里灯下参禅的休闲时光，最后一句还透露出并非要“逃禅”久留，需要返家的意思。因此这首题画诗也可看作是赠别详上人之作。可惜这幅画未能保存下来，不过其中“以为兹山写真，因系以诗云”数语可谓沈周对自己为何绘制此类实景山水的如实陈述了。其他纪游画作或因友人请托，或因为自己存念，无非都是以此法践行。

在游览西湖时，恰逢有雨，于是同行四人在湖心游船中的杯盏之间作《雨湖联句》：

画船载酒入空蒙，四面湖山水墨中。（史鉴）系缆石留秦旧物，卖花人带宋遗风。（刘珏）怕寒沙鹭低拳白，受湿汀桃浅破红。（沈周）未必清时能胜此，笙歌莫放酒杯空。（沈召）

① ［清］高士奇撰，余彦焱校点《江村销夏录》卷三，上海古籍出版社 2011 年版，第 368 页。

直至二月二十三日，一行人才离杭返苏，结束这次杭州之游。对沈周而言，此次杭州之行不仅仅放松了心情、滋养了诗思和画艺，还保存了他与师长刘珏、弟弟沈召之间的特殊感情的记忆。就在次年二月八日，刘珏便因病去世，不到半年后的七月十三日，弟弟沈召也相继病故①。因此，前一年的杭州之游中留下的诗画或许已成为沈周此后怀念逝去师友亲人的最好慰藉。

沈周第二次杭州之行已是十四年后，此时他年近耳顺，已非壮年。这一次同行的依然是好友史鉴，还有一位与史鉴为吴江同乡的汝泰。三人于春末夏初出行，先是在北山宿于飞来峰，为寺僧绘制了《冷泉亭图》，又到南山虎跑一带，后住宿于友人刘英的竹东别墅，立夏后方启程返苏②。现存于浙江省博物馆的《湖山佳趣图》（图3.9）便是沈周在此次游览杭州的第二年，回忆旅行中所见山水而创作的。这幅画作虽然受真山真水直接启发，但是并非意图按现实再现和还原某处景观的地理空间关系，仅仅取用杭州之游的一些印象来经营画面，故而不能算为“为兹山写真”的实景山水。换言之，此画可看作是沈周基于杭州之游创作的“山水印象”，非某地实景，如此倒是与前文提到的《西山纪游图》性质相同。沈周跋云：

> 顷年自杭游回，梦寐未尝不在紫翠间也。晴窗笔墨便手，即东涂西抹，与山水传神。成卷即为朋友携去，此卷偶在书笥，藏之久矣。今日捡出，漫识如此。

可以看出，这次杭州之行给了沈周很多师法自然的素材和灵感，因此返苏归家之后旋即创作了多幅作品。这些画作完成后不作题识，而是待需要的时候依友人的需求题上诗文与赠言。这幅未赠出的《湖山佳趣图》笔精墨润，构

① 参见陈正宏《沈周年谱》，第101—106页。

② 参见陈正宏《沈周年谱》，第185—186页。

图3.9 沈周《湖山佳趣图》 1485年 纸本设色 纵31.7厘米，横813厘米 浙江省博物馆藏

图3.10 黄公望《富春山居图》 元 纸本水墨 纵33厘米，横636.9厘米 台北故宫博物院藏

图3.11 沈周《仿黄公望富春山居图》 1487年 纸本设色 纵36.8厘米，横855厘米 故宫博物院藏

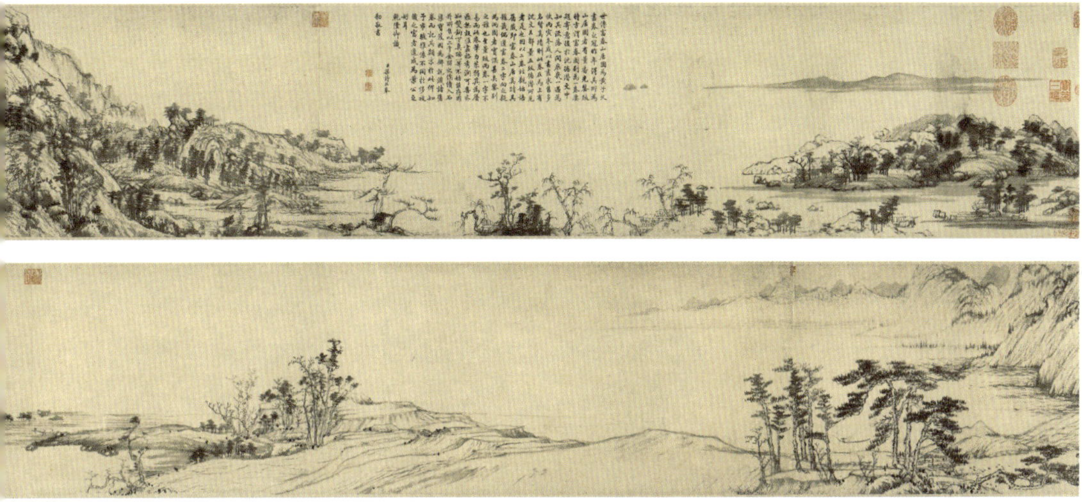

思精巧，使人阅后还想反复展玩。其笔墨兼有“粗”“细”二体，可谓率意与细润兼得，构图变化丰富，视角在不同段落间巧妙地移动变换，时而进入山间溪畔，时而登高俯瞰，亦可谓三远兼备，实属沈周长卷作品中数一数二的精品。因此，这幅图并未赠出，而是留藏下来，或许也是因为他对此作情有独钟。我们仿佛可以想见，沈周在友人入宅选画相赠时，面对书筒中的几卷画作，抚摸轴头犹豫再三的神情，最终还是留给自己，待兴起之时展玩一番，以满足自己的“卧游”之思。

沈周善于经营这种构图复杂的长卷山水，不得不提到他对元代画家黄公望的学习，尤其是那卷举世闻名的《富春山居图》（图 3.10）。沈周曾在《富春山居图》以及自己仿本的跋文中都提及过，自己曾收藏过黄氏《富春山居图》，可惜某次请人题跋时被侵吞变卖，而沈周又没有钱财再次买回，使他叹息不已。在作于成化二十三年（1487）的《仿黄公望富春山居图》（图 3.11）中可以看到，沈周对黄氏画作崇敬不已、爱不释手，称其“天设地造”“笔迹墨华，当与巨然乱真”。凭借着对原画的记忆，或许还有以前留下的临本，沈周绘制了一幅与原作在构图上几乎没有差异的仿本，原作的一山一树、云水洲渚无不跟原画一一对应，仅在卷尾处添加了一段平台、陂岸和山路，且加上了沈周自己惯用的浅绛设色，足见沈周对黄氏画作的精心学习，以致能化为己用、发而为新。

澄怀卧游

在晚年所作的《卧游》册中，沈周直接地表达了自己对宗炳“澄怀观道，卧以游之”这一山水画思想源头的理解，他在此册跋文（图3.12）中写道：

> 宗少文四壁揭山水图，自谓卧游其间。此册方可尺许，可以仰眠匡床，一手执之，一手徐徐翻阅，殊得少文之趣。倦则掩之，不亦便乎？于揭亦为劳矣。真愚闻其言，大发笑。

这段略有戏谑的言辞显示出沈周真率的性情。沈周所说的宗炳四壁揭山水的故事可参见《宋书·宗炳传》：

> 好山水，爱远游，西陟荆巫，南登衡岳，因而结宇衡山，欲怀尚平之志。有疾还江陵，叹曰：“老疾俱至，名山恐难遍睹，唯当澄怀观道，卧以游之。”

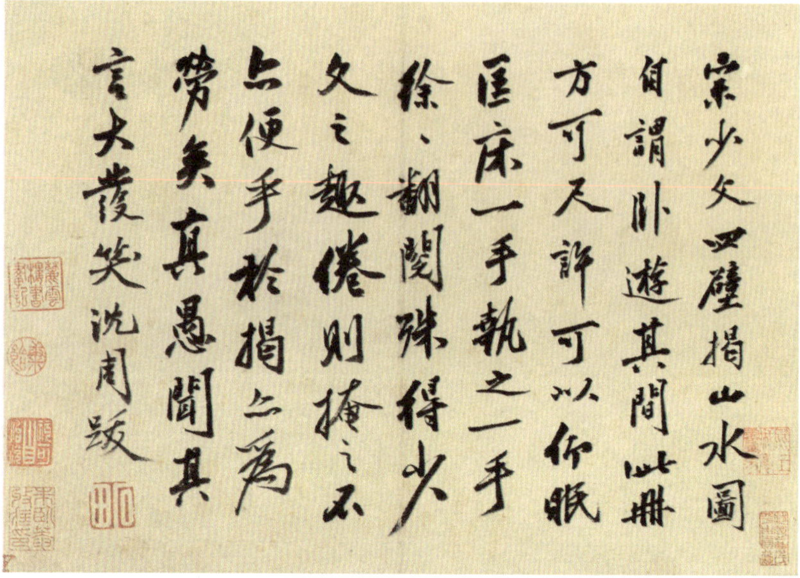

图3.12　沈周《卧游》册题跋　明　纸本
纵27.8厘米，横37.3厘米　故宫博物院藏

> 凡所游履，皆图之于室，谓人曰：“抚琴动操，欲令众山皆响。”[①]

可见宗炳将自己游历的山川绘制在墙壁上，又将这壁上山水当作真山真水来畅想，所以有“卧游”之谓。沈周也是毫不怯于进一步发挥，手捧画册卧于床上翻阅岂不是更合“卧游”之意？而册中画上的题诗也印证了画是往昔游历经历，再借观画来想象畅游山水的观念。如其中一开诗云（图 3.13）：

> 江山作话柄，相对坐清秋。如此澄怀地，西湖忆旧游。

① ［梁］沈约等《宋书·宗炳传》，中华书局 1974 年版，第 2279 页。

图3.13　沈周《卧游》册之《江山坐话》　明　纸本设色
纵27.8厘米，横37.3厘米　故宫博物院藏

图3.14　沈周《卧游》册之《秋山读书》　明　纸本设色
纵27.8厘米，横37.3厘米　故宫博物院藏

又如另一开诗云（图 3.14）：

高木西风落叶时，一襟萧爽坐迟迟。闲披秋水未终卷，心与天游谁得知。

沈周一生游历于山水丘壑之间，行迹虽不算壮阔，但由于他对古人画作的深入学习，加之以造化为师的精神，早已使得足迹踏遍的一草一木、一峰一石融汇于胸中。在其晚年的作品中，我们可以看到沈周即使身处书斋中构思，也可使笔下山水生辉、元气淋漓；即使身不能至，也能借画中丘壑畅游山水之间。

沈周的纪游图和实景山水更是直接影响了此后的画家，从吴门后辈文徵明、钱穀、陆治等人将吴中山水传写于世，再到明末清初石涛和新安画派为黄山传神，金陵画家为城市图咏，无不得益于沈周为山水写真的开拓和创造。

友

戏友人寻访不出

两山不见云遮眼，一犬独鸣花绕邻。
敢去挥毫题午字，悔将握发望时人。
墙匡寂寂高槐雨，门巷青青细草春。
知子南还犹有兴，扁舟斜日弄芳蘋。

徐　慧　2005年获北京语言大学文学博士学位，2008年进入首都师范大学中国语言文学博士后流动站工作，主攻明清诗文流派与批评意识方向。2010年7月调入国家图书馆古籍馆工作，从事古籍整理和研究工作，2016年获聘研究馆员。已出版著作有《雅聚——沈周文人圈研究》（国家图书馆出版社2015年版）、《祝允明文学思想研究》（河南大学出版社2015年版）等。

弘治四年（1491）二月二十一日，沈周登支硎山，林麓间隐隐见一士人，头戴斗笠，手执卷书，乘坐笋舆而来，及近，乃是杨仪部君谦。时近黄昏，二人仅相对一揖即匆匆而别。次日周遂写《支硎冒云图》绘其高致并诗以寄：“林磎相值夕阳边，迹似无官意有仙。高笠冒云宜我画，小词磨石信僧镌。山逢佳处肩迟轿，眼落闲时袖出编。随后担夫亦殊俗，花筐酒榼两头悬。”（《珊瑚网》卷三七《沈启南支硎冒云图》）这是一幅吴地文人交往的诗意画面，是文人抱朴守静、幽澹自由心态的写照，也是他们创作灵感、动机、主题和天然艺术风格的来源。而正是沈周，以文化领袖的身份引领着这种疏淡、秀逸，自然本色、不加雕琢的艺术风格。（图 4.1）

沈周虽优游林下，却名满天下，交友广泛，其对象无计朝野尊卑、长幼昆季，上至三公九卿，下至彩笺坊主，有世交，亦有迟至八十订交者；有姻亲友人，亦有隐者高士；有私淑弟子，亦有高官显宦。他们才华横溢，博学兼善，共资于艺术创作，又在聚会中切磋品鉴，使得整个吴中地区交织、叠错成一片文化网络，苏州文化风尚为之一变。

图4.1　沈周《苍崖高话图》　明　绢本水墨
纵149.9厘米，横77厘米　台北故宫博物院藏

世交家学

沈氏家族世代以诗书礼乐为业，仪度文章，雍容详雅，一时传为美谈，又蓄藏丰富精良，四方贤士大夫多“闻风踵门，请观其礼”。加之沈家世代好客，其祖沈澄（字孟渊，号介轩）“居相城之西庄，日治具待宾客，饮酒赋诗，或令人于溪上望客舟，惟恐不至，人以顾玉山拟之”。博雅之风和好客之名，自然引来无数贤士名人，“海内名士，莫不造门”[①]，他们聚集相城沈家，相与抚玩品题，酬对咏歌，终日不厌。（图 4.2）

沈澄好接名士，所居曰西庄，有亭馆花竹、水云烟月之胜，常于佳景良辰，日治酒肴，招邀庞士硕儒于其地。客至，嘲风咏月，觞酒赋诗，其家日常满座，殆无虚日，文艺之盛一时传为佳话。沈澄友人、山水画家沈遇（字公济，号臞樵）效元顾仲瑛《玉山雅集图》为其绘《西庄雅集图》，将沈澄所接之诸儒和景趣移入丹青。据沈周之师杜琼《西庄雅集图记》所述，此图所绘之名士有“青

① ［清］钱谦益《列朝诗集小传》，上海古籍出版社 2008 年版，第 217 页。

图4.2　文徵明《茶事图》（局部）　1534年　纸本水墨
纵122.9厘米，横35厘米　台北故宫博物院藏

城王文靖公春官亚卿、耻庵金公、怡庵先生陈太史、梦庵张高士、中书舍人金尚素、葵丘翁谢孔昭、左绵苏太守、臞樵沈公济、吴山金维则与孟渊氏，凡十人焉”。他们几乎个个都是诗书画高手，以雅好文艺，荐举或征召入京师，即便未入仕，也因怀抱材艺而遨游于公卿间，如张高士、金维则终生隐逸也名扬天下，其西庄雅集之趣由此可见一斑，这些名流高士后来也成为沈氏家族的世交。沈公望卒，沈周有《挽沈公望》诗悼念；又如情同异姓兄弟、沈澄姐夫金维则，他的孙辈金怀用、金以宾与沈周均有唱和，沈周有诗《金怀用兄被盗》《谢怀用和刊鄙作》《寄金以宾》等为证。表兄金以宾又娶沈澄友沈公望之女，弘治元年（1488）沈周为其作《金以宾室沈氏墓志铭》。

沈周父沈恒（字恒吉，号同斋）、伯沈贞（字贞吉，号南斋）亦绍承家风，“平生好客，绰有父风，日必具酒肴以须，客至，则相与剧饮”（吴宽《隆池阡表》）。（图 4.3）刘珏、杜琼、徐有贞、马愈等均为沈恒友，与沈周祖、伯亦有交往。刘珏能书擅画，有《完庵集》传世。景泰三年（1452）授刑部主事，天顺五年（1461）擢山西按察佥事。居三载即弃官归吴，筑别业小洞庭，“当时所与倡和者武功徐公、参政祝公及隐士沈石田数人而已”。（吴宽《完庵诗集序》）刘珏与沈恒年龄相仿，与沈周祖、父均有唱和，如沈澄八十六龄高寿时，作《再寿沈觋庵》贺寿；沈恒五十岁时，有诗《寄沈同斋》。（图 4.4）

马愈，字抑之，人号马清痴，嘉定（今上海）人。天顺八年（1464）进士，官至南京刑部主事，与沈恒、沈贞交善。史载成化三年（1467）二月望日，马愈与沈贞过东禅兰若，造敬上人萝月轩中，二人乘兴各写小景并题一绝，以配刘珏去年游此地之画作。又曾于七夕与沈恒同游石湖，并作词以记此事（图 4.5）：

> 未到重阳落帽，已过七夕穿针。美人一笑值千金。十里横塘相近。水浸吴江塔影，风凉宋帝碑阴。醒时游赏醉时吟，不乐人生图甚？（《石渠宝笈》卷三三《明人上方石湖图咏》）

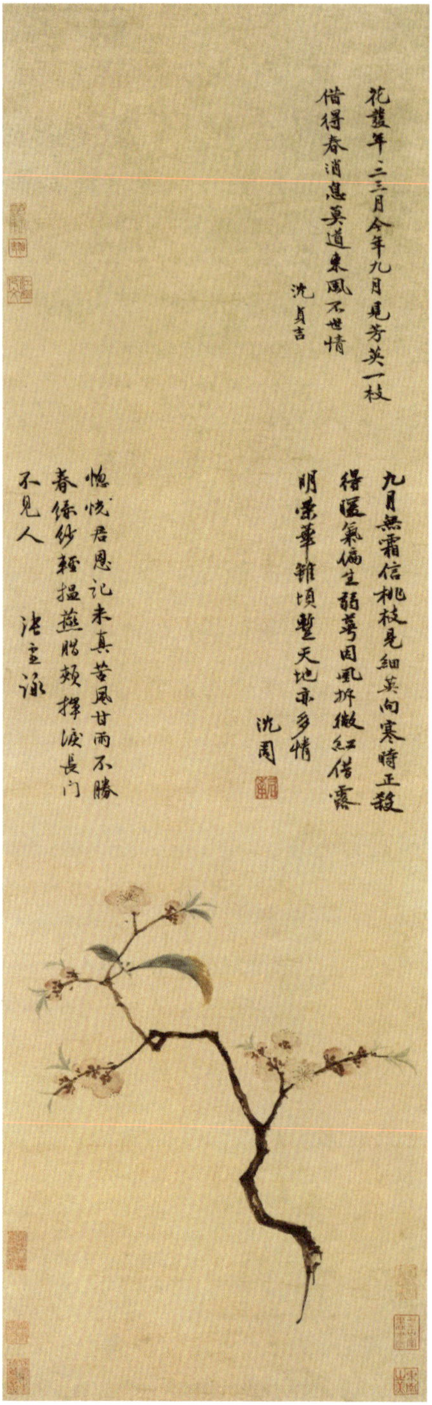

图4.3　沈周《九月桃花图》
明　纸本设色
纵103.2厘米，横31.7厘米
上海博物馆藏

图4.4　刘珏《夏云欲雨图》　明　绢本水墨
纵165.7厘米，横95厘米　故宫博物院藏

图4.5　沈周《崇山修竹图》
明　纸本水墨
纵112.5厘米，横27.4厘米
台北故宫博物院藏

杜琼隐居不仕，以孝闻，有《杜东原集》传世。又工山水，画作被王穉登《吴郡丹青志》第为神品。（图 4.6）与沈恒同师陈继，后二人为友，感情甚笃。据史料记载，杜琼曾将家藏勾龙爽《蜡屐图》、《吴仲圭山水卷》等作赠予沈恒。杜琼与沈家交往颇深，沈周曾跟其学画，并为其编撰《杜东原先生年谱》。王鏊《东原诗集序》云："东原先生杜氏……于时同志，则有陈先生孟贤，二人皆好为诗。孟贤诗清婉有风致，先生特沉着高古。间喜画山水、人物，故其诗于评画尤深。"[①] 孟贤即陈继之子陈宽，明成化、弘治之际，吴中艺文首推杜、陈二公。陆粲云："吴自昔以文学擅天下……其在本朝宪、孝之间，世运熙洽，海内日兴于艺文，而是邦尤称多士。于时若杜用嘉、陈孟贤二公，以高年为诸儒倡，率最先有名。"[②]

沈、陈、杜之紧密关系延续至沈周，沈周七岁即从陈宽学，至不惑之年，仍对其儒业之师有高山仰止之赞美，成化三年（1467）五月初五，陈宽七十二岁寿辰，沈周作《庐山高》图、《庐山高赠醒庵陈先生寿》诗为师祝寿。陈宽先祖为江西庐山人，元季避地来苏，遂家吴城，故沈周借庐山之高雄巍峨喻之。因世交、师承之关系，沈周自小便得识陈宽子陈仪（字世则），有《秋轩晤旧图》及《赠陈世则》诗为证。

由西庄沈澄所开创的此番文艺盛景便是沈周的家学背景，其教育也是在家学和师徒传授的模式中进行。沈周自小浸渍于浓郁的文艺家风之中，尤其是绘画，最初便得于父、伯传授，有记载称沈周十六岁时沈贞便教其绘画。（图 4.7）除得祖、父、伯启蒙之外，更因家族交往之盛，于家塾中尽得祖、父友人指点。沈周成化十五年（1479）所作《秋轩记》回忆了儿时随侍祖父于秋轩时的情景："先公抱致周时，哺饴弄雏，实于斯也；先人宾客满座，希耩鞠

---

① ［明］王鏊撰，吴建华点校《王鏊集》，上海古籍出版社 2013 年版，第 187 页。

② ［明］陆粲《陆子余集》卷一《仙华集后序》，《原国立北平图书馆甲库善本丛书》第 765 册，国家图书馆出版社 2013 年版，第 1628 页。

图4.6　杜琼《友松图》　明　纸本设色　纵29厘米，横92.5厘米　故宫博物院藏

牕，捧觞为寿，亦于斯也。”祖、父乐善好施，设宴待客之风如此，沈周亦然：“至申天，则使人远望以伺客至，或渔舟草艇，摇泛波涟，则误报之。”[①] 故祖、父、伯雅集唱酬之友人后来多与沈周亦师亦友，如谢缙、刘溥（1392—1453）、陈震（1435—1485）、邵昕等。

谢缙，沈澄友，为西庄雅集之名士，擅长山水画，列入清徐沁《明画录》山水卷，侨居金陵三十余年，后为沈周画师。（图 4.8）

---

① 黄省曾《吴中往哲记补遗》，《四库全书存目丛书》史部第 89 册，齐鲁书社 1997 年版，第 37 页。

刘溥，字原博，号草窗，长洲人。史称刘溥耻以医自名，日以吟咏为事，其诗初拟西昆，晚更奇纵，“景泰十才子”之一。溥卒，沈周作《挽草窗刘先生》，“千首杜陵青史笔，三朝颜驷白头郎”，时沈周方二十七岁。

陈震，字启东，长洲人。曾任宁德、江山教谕，数次归省、还任，沈周均有诗寄赠，二人诗歌唱和往来频繁。成化十三年（1477），沈恒谢世，陈震自福建宁德返乡吊唁。成化十六年（1480）陈震赴京述职还苏，与友人陈九韶访沈周，小宴有竹居，并联句十二韵。未几，陈震赴任江山教谕，沈周送之。

邵昕是浙江余姚人，任长洲县丞。沈恒任粮长往来城乡之间，得识邵昕

图4.7　沈周《溪山秋色图》
1484年　纸本水墨
纵152厘米，横51厘米
南京博物院藏

图4.8　谢缙《云阳早行图》
1417年　纸本水墨
纵102.1厘米，横47.5厘米
上海博物馆藏

图4.9　沈周《魏园雅集图》

1469年　纸本设色

纵145.5厘米，横47.5厘米

辽宁省博物馆藏

并交厚，沈周随父左右，故童稚便得识之。天顺四年（1460）邵昕服母丧期满，出任休宁知县，道经苏州，沈周作《送邵明府》赠别，从中亦可见二人得识经过："昔公贰政长洲苑，我时丱角在童稚……家君执事米盐末，青眼相看见高谊。十年存录如一日，一家负荷无不至。"

除因家族聚会和世交结识之诸多友人外，沈周又由此更结交到诸友人之友人，如杜琼外甥魏昌（1412—1495）、门生赵同鲁（1423—1503）等。魏昌，字公美，号耻斋，孝悌力行，博古能辨识。所居名魏园，沈周或因师杜琼得识之，为其文人圈核心人物。（图 4.9）赵同鲁，字与哲，长洲人。笃学修词，雅好文艺，与沈周同为杜琼门生，后为挚友。二人又同为布衣，共有隐德，隐而喜论当世事。赵同鲁与沈周同受知于三原公王恕（1416—1508），沈周称其"野叟参游得奇字，上卿通问有长笺"（《寿赵与哲六十五月五日先生生辰也》），又称其"隐德堪尊齿亦尊，一家风物自桃源"（《寿赵与哲七十》），可见二人志道颇合。

另沈周还延请陆德蕴、周本等为家塾师，教授弟沈召、子沈云鸿。陆德蕴是云间（今上海）人，隐居不仕，其女陆娟后从沈周学画。周本，长洲人，嗜酒善篪。正统八年（1443）至景泰四年（1453）十年间主沈氏塾，故周十七岁便与之订交，后一生交往频繁，感情颇深。《石田稿》录与周本有关的诗十余首，或怀念请题，或同游雅聚，或庆寿安慰，并为其作《周君宗道生圹志》。沈家继继不绝、殆无虚日的雅集聚会，对历代名品的切磋赏鉴，于潜移默化中对沈周艺术素质的培养、艺术品质的熏染、艺术鉴赏力的提升，无疑至关重要。

吴门姻亲

大族门第以及与雅士之间的来往，又促成了沈氏与名士之间的家族联姻，故而姻亲也成为其文人圈的重要成员。沈周妻陈慧庄（1424—1486），出自常熟诗礼之家，贤良知礼，正统九年（1444）来归，曾为沈周祖母句读佛典，沈周视其为良友。因与妻感情笃厚，沈周与妻族之间的来往也尤为亲密，妻兄陈蒙、弟陈允孚、舅侄陈用之、姐夫桑琳（1423—1497）、姨侄桑悦（1447—1503）等，均与沈周有密切交往。成化九年（1473）秋，内弟陈允孚叔侄来访相城，沈周有诗述其天伦之乐：

> 八月五日秋暑酷……小儿开门认母党，浑舍欢呼动茅屋。侄能拜姑弟拜姐，话别论情间悲哭。我归向我诧老大，白髭毵毵鬓毛秃。灯前把酒酬殷勤，四壁飞蚊掠蝙蝠。盘飧不耻荐野菜，枕簟聊宜荫高竹。诸甥恳恳劝久住，似怪情亲来不熟。姻家忆昔兄弟多，渐感凋疏犹落木。百年嘉会得几回，何苦催归信童仆。送君愁向浦东头，细雨蘼芜极双目。（《喜陈允孚叔侄见过》）

沈周与其内兄陈蒙交往尤厚，《石田稿》有寄赠陈蒙诗近二十首。（图4.10）

陈蒙，字允德，号育庵，又号东家生，喜隐，邑大夫以才荐，不就，著有《泛雪集》《育庵集》。沈周言“先生幼颖异，气高志亢”，作诗“涵音揉律，务底平和”，“名声籍籍吴中……犹泉决云涌，赡才藻思，卒以诗人称”。（《育庵陈先生墓志铭》）沈周因姻亲关系，“知先生颇悉”，二人书简往来频繁，“诗缄珍重寄来频”（《和陈允德见寄韵》），夜话连榻、同游共酌之事时时有之，送赠寄题次韵之作更是屡见诗稿，二人从姻亲进而如知己兄弟：“娓娓情话余，互问新述作。从容发歌咏，时或间嘲谑。不复有郁怀，未药病先却。婚姻旧兄弟，气味亦相若。各念老境人，觌面苦难数。偶耳沧海间，合此千里鹤。天亦喜留客，簌簌细雪落。呼墨记良会，笑见睡僮愕。”（《十一月念三日入城会陈育庵话》）陈蒙多病羸弱，沈周于其病中即和韵存问，卒后还两度为之作挽诗“好有斯文更有姻，笑谈回首变沾巾”（《哭陈育庵》）、“不见先生系所思，交游何地觅襟期”（《再挽陈育庵》），又为之撰墓志铭，可见二人情谊之真、契合之深。

连襟桑琳与沈周亦有来往。桑琳，字廷贡，号鹤溪，常熟人。桑琳有二弟：桑瑾字廷璋，官至处州府通判；桑瑜字廷赞，官至温州府通判。另桑琳之侄、桑悦之从兄弟桑民奇亦与沈周有交往。成化十四年（1478），桑琳将游浙之雁荡山，沈周有《送桑鹤溪游浙》：“桑鹤溪先生以书抵予，告有古瓯之行，期登雁宕，以尽东南之奇观……予因作画与诗相之。抑闻山中多青泥、赤剑、金膏、水碧，得之归，当见分，如不得，须录李孝光《十记》，相与连坐桑梓阴下，持诵一过，亦足以厌好游之心矣。”除与桑琳书信往来外，沈周与桑琳子桑悦亦相与往来，唱和愈频。

桑悦，字民怿，官至柳州府通判。举止言行怪妄狂诞，与张灵、祝允明并称“吴中三狂士”，有《思玄集》传世。成化八年（1472），桑悦与文林、吴宽中同年进士，次年曾与文林同宿三茅道院，沈周作《闻文宗儒、桑民怿两进士同宿三茅道院》述其事，另有行书《和桑民怿诗》。桑悦《思玄集》

图4.10　沈周《溪桥访友图》
明　纸本水墨
纵130.6厘米，横47.5厘米
台北故宫博物院藏

中则有《和石田病中韵》《七夕饮石田母姨夫宅》等诗，可知二人曾于七夕饮于沈周家。沈周画作，桑悦亦多有题咏，王世贞记："周校书履道、沈山人启南画《宜兴龙岩小景》及《铜官秋色》各一帧，后多有名贤题咏，若桑民怿、文徵仲、黄应龙辈，皆可宝者。"①

其他姻亲如沈澄西庄雅集中的名士金维则，与沈周祖姑联姻；沈周妹沈庄适刘珏长子刘正，沈周子云鸿娶徐有贞孙女，季女适史鉴之子史永龄等。姻亲关系加深，扩大了其家族的交往维度，很多人与沈周已是亦师亦友亦亲之关系，如与徐有贞之外孙祝允明家族，与友人姻亲史鉴、史永龄家族，刘珏、刘正家族，金维则、金允端、金怀用、金以宾家族等，沈周诗画集中均可见双方来往之痕迹。

沈周虽未做过家塾师，然其师友之后辈及吴中后学已慕名而来，如祝允明官至应天府通判，为沈恒友徐有贞外孙、祝颢孙、李应祯之婿，自小即随侍祖父，九岁便得识沈周。他后与沈周交厚，虽齿如父子，然交犹季昆。在祝氏《怀知诗》十九首中，沈周占有一席，被祝氏以"先生"相称，对其风度才华和援推之恩的赞颂毫不吝惜。又作《石田记》解周"石田"之号，称："沈先生则弗稼者与？其以为名，所谓君子之心也。先生者，巢、许其居服，而禹、稷其肾肠。"② 祝氏还为淮阴王廷瑞所刻《石田诗稿》写序，专论沈氏诗学观，数以沈周拟之杜甫，并称其君子之心不独高洁，而必将耀世无穷。

再如文徵明以岁贡入京，荐授翰林院待诏，三载谢病归，有《甫田集》传世。文徵明于弘治九年（1496）入室从其学画，在画学上直承沈周衣钵，成为吴门画派继沈周之后的第二位掌门人。（图 4.11）因二人画风之递承关系，文氏曾为友人补沈周未完小画并次韵："石翁已赋白玉楼，画图犹记荆溪游。

---

① ［明］王世贞撰，汤志波点校《弇州山人题跋》，上海书画出版社 2020 年版，第 609 页。本书所引王世贞题跋均出于此书，以下不再注明出处。

② ［明］祝允明撰，薛维源点校《祝允明集》，上海古籍出版社 2016 年版，第 477 页。

残缣未了人事改，百年生世真如浮。补亡到我愧貂尾，绝笔从前推虎头。”（《为吴心远补石田未完小画并次遗韵》）文徵明子文嘉撰《先君行略》云：“时石田先生沈公周为公前辈，雅重公文行，见公所作小幅，亦极加叹赏。”沈周之作几乎均过其耳目，故其题写先生之作无数，其书画评论亦是沈周绘画研究的重要材料。二人后来亦由师徒进而为莫逆之交，徵明亦曾奉陪先生及其友人同游虎丘，“高贤寻壑共经丘，偶得追从续旧游”（《奉陪吕太常、沈石田游虎丘次韵》），更有《沈石田与徵明札》为证：“昨承降，兼辱厚赐，深愧受之不当，适盛使至，专此奉谢。所索拙笔，在一两日间已完色矣。有言欲告，期在后日一会，勿误勿误。沈周拜徵明贤友即解。”而文氏则多以“先生”相称，对其敬仰之至，据王世贞跋《石田山水》载：“跋尾彭孔嘉称，文丈待诏云：‘石田先生神仙中人也。’此语吾亦闻之待诏，且云‘满百文某，安敢望此老’。前辈风流，推挹乃尔，令人叹慨。”沈周卒后，文徵明为之作行状称：“某辱再世之游，耳受目瞩，知先生为详，遂不克让。”后又有怀知诗：“风流已与人都尽，手泽空怜物有情……伤心未了生前约，渔子沙头一棹横。”（《宿相城有怀石田先生》）极尽悲凉怀念之情，亦可见二人契合之深。文徵明与沈周子云鸿亦有交往，为云鸿作《相城沈氏保堂记》，赞其能保有其家，雅笃伦理，校雠勤剧。文氏传承沈周之学最正，故后世多将文徵明执掌文坛、画坛时之弟子归属沈周一脉。

吴门其他后学，如杨循吉、都穆、唐寅、仇英等；与沈周交往较多的私淑弟子，如王纶、周用、陈淳、孙艾（图4.12）、吴麟、陆复、陆萱、古中静、陈焕等，多入室学画。不过，虽名为师徒，却不分长幼，沈周与爱徒之间，或唱和往来，或共同作画，如弘治七年（1494）端午日，沈周写梅赠史鉴子、女婿史永龄，王纶为之补勾勒竹，即《沈石田水墨梅王理之补勾勒竹》，题诗曰：“理之嫌我太草草，斜补竹枝成玉倚。”又跋曰：

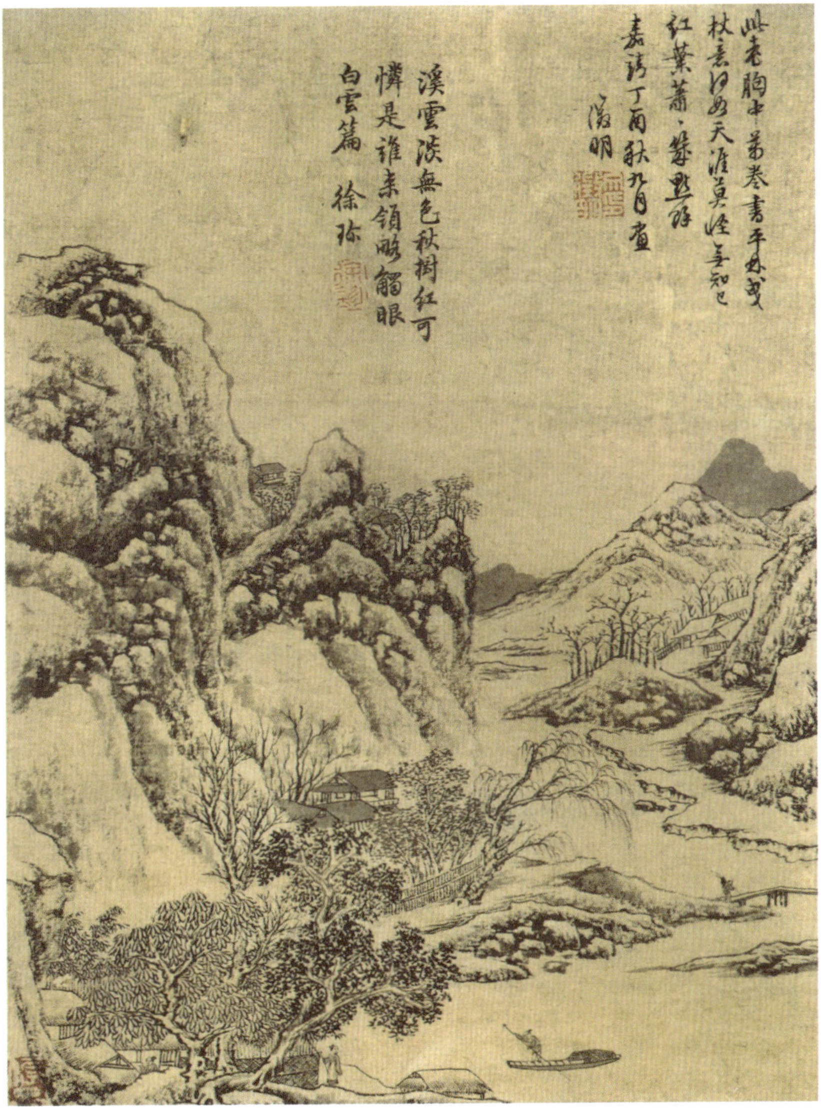

图4.11　文徵明《千林曳杖图》　1537年　纸本水墨
纵35.2厘米，横25.5厘米　故宫博物院藏

图4.12 孙艾《木棉图》
明 纸本设色
纵74.5厘米，横31.5厘米
故宫博物院藏

昆山士人多画梅，与王理之论其用墨太重，殊失清雅，足有累于梅矣。因短缣在帧，史德徵从容谓曰："清雅果何似，丈人当示一梢，与梅出气，何如？"遂妄弄此笔，理之亦作错刀数叶，间于疏处，仍题之以赠德徵。

王纶善画竹，由此自号君子林，沈周为其题诗多首。王纶又为沈周写六十小像，沈周有诗自题《王理之写六十小像》。另据李维琨统计，画师沈周一派的还有李著（字潜夫，金陵人）、陆文（字汝学，常熟人）、陶浚（字云江，武进人）、宋旭（字初旸，嘉兴人）、杜翼龙（字子良，吴县人）、陈天定（字定之，太仓人）、沈颢（字朗倩，吴郡人）、孙克弘（字允执，松江人）等[①]，再传弟子则不胜数。

① 参见李维琨《明代吴门画派研究》，东方出版中心2008年版，第192页。

宦友交游

沈周的众多交游对象之中，以在野身份所交缙绅大夫、高官显宦最值得一提。沈周的官宦之交遍及中央政府的六部、都察院、五寺、三监、三司，京官里上至三师、少师、尚书、殿阁学士、都御史，下至主事、寺丞、给事中等都有所结识，地方政府尤其是应天府、苏州府官员更不待说。爬梳沈周与官宦友人的订交过程，大致可分为三类：第一类是名门望族之出身而结交的官宦世交，多为同乡为宦者。第二类是以朝臣身份巡抚苏淞等地者和南京、苏州地方官。第三类是通过同乡官员引介得识交往的中央官员。他们或高居宰辅，或以经业名，或以诗画称，无不雅重一时。

第一类官宦世交，如刘珏所记沈澄西庄雅集中的十位名士，其中只有张继孟、金维则二人未到过京城，沈遇、谢缙虽不禄仕，亦以其材艺遨游公卿间。又如因长洲县丞邵昕而交厚的兵部尚书、大学士徐有贞，平辈契合最深的友人礼部尚书吴宽（图 4.13），户部尚书、大学士王鏊，都御史彭礼，太仆少卿李应祯等即属这一类。这一类文人在及第前多已交厚沈周，又因官位显赫而

图4.13　沈周《东庄图》册之《续古堂》
明　纸本设色
纵28.6厘米，横33厘米
南京博物院藏

突显了其仕宦身份。如吴宽与沈周交往最早在 29 岁，其状元及第在 38 岁，做官前已交厚沈周。其他官宦友人虽不能确考订交时日，然从其户籍、入仕时间多可推测属于此类，如广昌教谕陈瑜、贵州按察副使陈琦、瑞州训导黄云、南京御史蒋钦、太常少卿陆钛、礼部尚书李杰、东宫讲读刘瀚、南京刑部主事马愈、南京都察院左副都御史陈璚、南京考功主事汝泰、广东左参政王鼎、南京吏部尚书吴一鹏、都察院右副都御史徐源（图 4.14）、太常少卿夏昶、河南右参政吴愈等（图 4.15），都是苏州府人。

第二类即以朝臣身份巡抚苏淞等地者和南京、苏州地方官。如吏部尚书王恕、都御史彭礼、南京吏部尚书童轩等。由于第一类官宦友人的推介和举荐，他们均主动结交沈周，或索画求题，或请问政事。如官至吏部尚书的童轩（字志昂，鄱阳人），与沈周互题诗稿，诗简往来频繁，《石田稿》有《送童黄门志昂出宰寿昌》《题童黄门竹卷时有出宰之命》《读童志昂清风稿》《燕歌行和唐高达夫韵寄童太常》《得童太常志昂书》等诗。再如以都御史总抚苏淞、

图4.14　沈周《虎丘送客图》
1480年　纸本设色
纵173.1厘米，横64.2厘米
天津博物馆藏

应天府等地的彭礼（字彦公，安福人），弘治十五年（1502）曾欲召沈周至幕下，并命人删定《石田稿》梓行，沈周绘图以谢并作《感麟作经图为彭抚公作》之诗。

此类宦友中沈周又与王恕尤为交厚。王恕字宗贯，号介庵，晚号石渠老人，陕西三原人。正统十三年（1448）进士，官至吏部尚书，加太子太保，有《王端毅公文集》传世。成化十五年（1479），王恕巡抚苏淞，数召沈周诹咨问道。次年八月，即向宪宗推荐沈周、史鉴。宪宗随即下征诏聘，二人辞不应，沈周作《西园八咏》（藏书屋、洗砚池、苍松轩、牡丹圃、陇头云、门外柳、绣衣记、太史铭）诗并图致谢。弘治四年（1491）又作《奉寄大冢宰三原王公》，称其“超贤拔俊休遗力”，夸其任人唯贤，极力引荐人材之功。弘治六年（1493），沈周闻三原王公致政，作诗相送：“功烈堂堂六十年，劳劳萋菲不妨贤。”（《闻三原王公致政》）弘治九年（1496），又作《奉寄王冢宰》，中有“腔中乐地春如海，元恺中间第一贤”句，赞其退归后设讲西园的神仙生活。弘治十一年（1498），王恕八十初度，沈周写大夫松并赋长句奉祝：“尚书府中松十抱，直气贞心不知老。关中土厚根柢壮，千年间生地之宝。上参云汉不屈身，世间草木斯为表。用之擎天天久恃，用之柱国国永保。伐柯击奸拟段笏，摘叶指佞比尧草。朝廷何可一日无，百不为多一非少。凌霜傲雪古色存，苍苍直与秋天杳。孔明庙前有老柏，此物亦自因人好。大观直谓古今同，时固难同贵同道。金花玉苓仙所食，只在长生不在饱。须公采啖三万斛，四海苍生期寿考。”[①] 以松之古直、苍劲、傲雪之特征喻王恕耿直、贤达以及擎天柱国之功，并写行书《寿王端毅诗四十开》。（图 4.16）

第三类宦友则是沈周通过同乡官员引介得识交往的中央官员，如李东阳（图 4.17）、屠滽，以及李东阳执友程敏政（图 4.18）、杨一清（图 4.19）、陆钎、邵宝、谢迁等。李东阳为京官近四十年，惜与沈周从未会面，自称“神

① ［清］张照等编《石渠宝笈·贮养心殿》卷六，《故宫珍本丛刊》第 439 册，海南出版社 2001 年版，第 254 页。

图4.15　沈周《京江送别图》　1491年　纸本设色　纵28厘米，横159.2厘米　故宫博物院藏

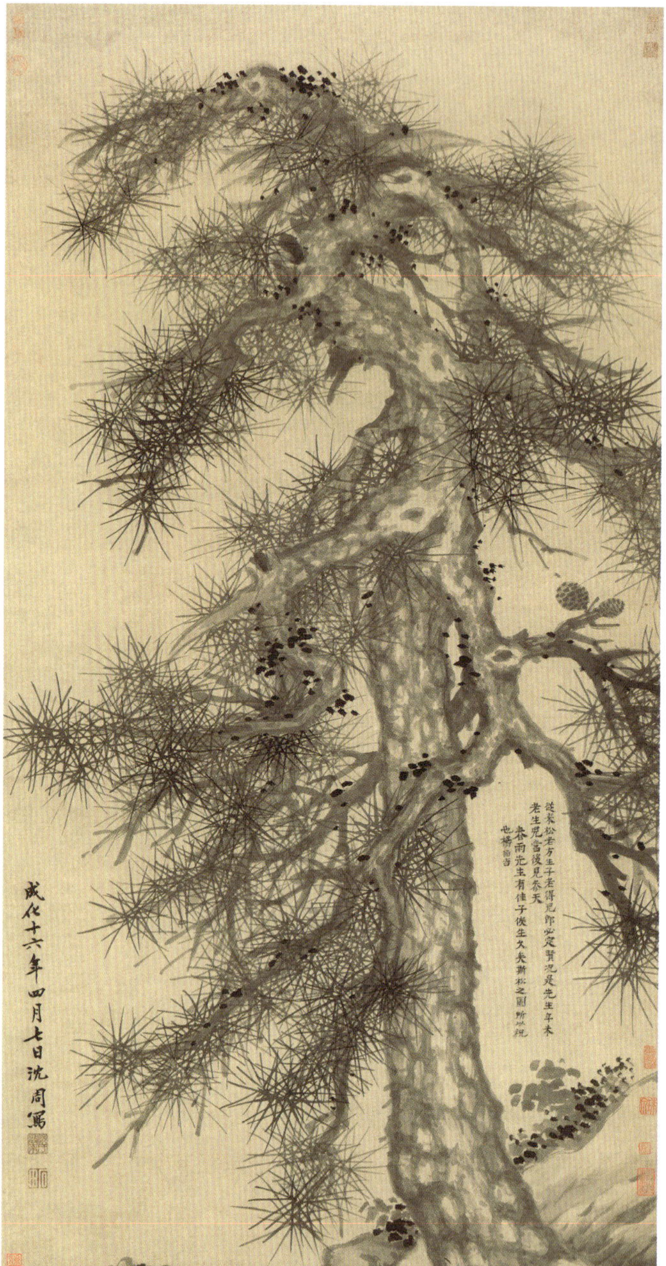

图4.16　沈周《松石图》　1480年　纸本水墨
纵156.3厘米，横72.7厘米　故宫博物院藏

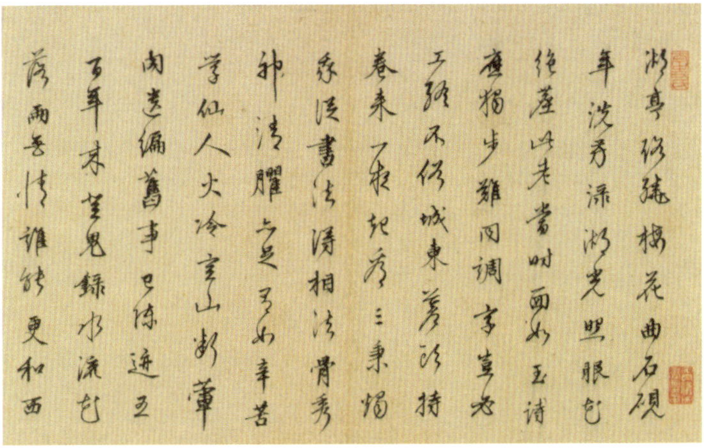

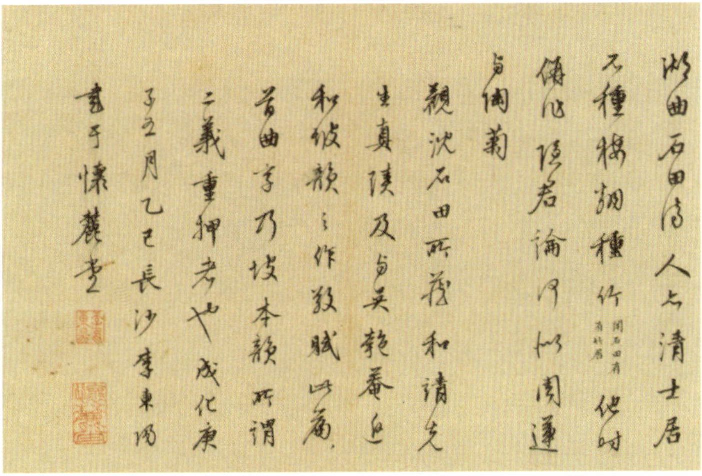

图4.17 《林逋手札二帖》李东阳题跋

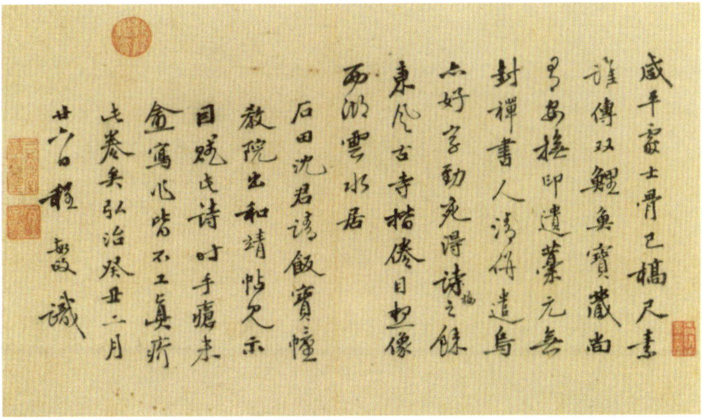

图4.18 《林逋手札二帖》程敏政题跋

图4.19 沈周《邃庵图》（局部） 1500年 绫本设色 纵48.8厘米，横164.1厘米 故宫博物院藏

图4.20　沈周《芝兰玉树图》
明　纸本设色
纵135.1厘米，横55.8厘米
台北故宫博物院藏

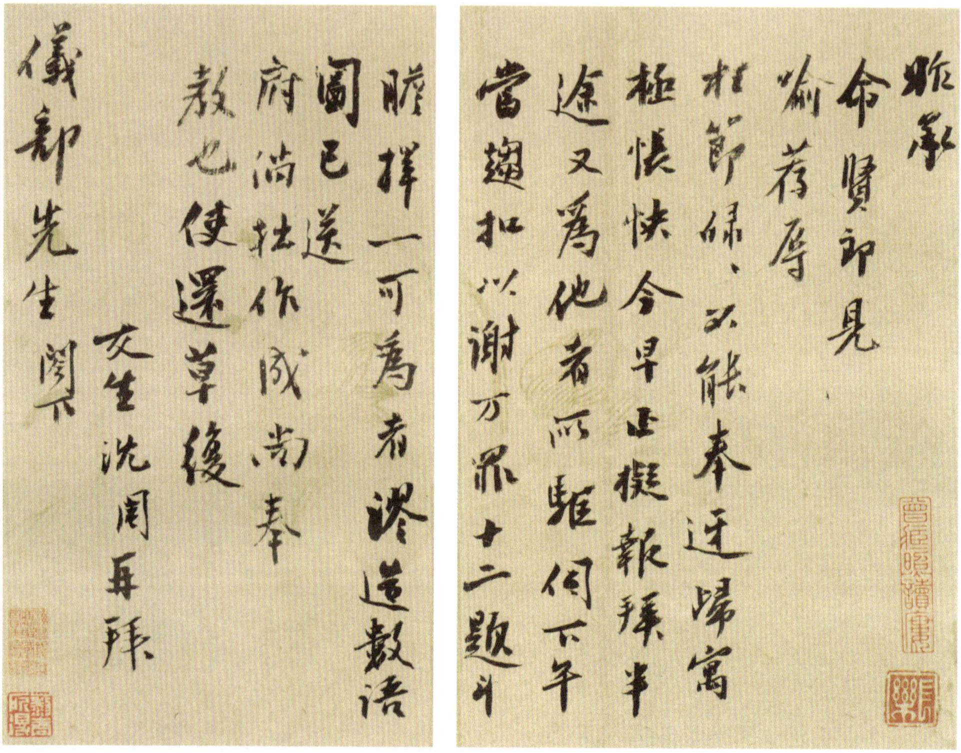

图4.21　沈周手札　明
第一开纵22厘米，横15.1厘米
第二开纵22厘米，横13.3厘米
上海博物馆藏

交岂恨天涯隔”（《石城雪樵图为李侍郎世贤赋》）。不过李东阳与沈周挚友吴宽同为馆阁成员，他在回顾接触沈周诗作时称：“初，文定以写本一帙示予，欲有所序述……翰林吴编修南夫（吴一鹏）来自苏，则以石田之意速予。”（《书沈石田诗稿后》）沈、李二人因地域之隔虽未尝蒙面，然吴宽每次自吴返京，则携沈周法书，以期京师诸公品题。故李东阳有多首诗题沈周所作、所藏诗书画，如其评曰：“沈启南以诗画名吴中，其画格率出诗意，无描写界画之态，画家者流乃以分寸绳墨指而病之，岂未知芭蕉为雪中物邪？……予不深于画，每爱启南之诗，见其屋乌若无不可爱者，故为一辨。”《沈石田山水》《石城雪樵图为李侍郎世贤赋》《题沈启南画二绝》《题袁佥事石田山水卷》《沈启南墨鹅》等诗均是明证。又如题沈周所藏五代宋初画家郭忠恕《雪霁江行图》真迹云：“富家珍袭何足论，终作贫儿一朝食。姑苏沈郎亦好奇，袖里黄金轻一掷。定知仙笔可通神，恐有六丁随霹雳。桓玄窃取吾所笑，一月为君频拂拭。还君颇觉未忘情，摹本为予君莫惜。”除诗歌请题外，沈周有多首诗画为李东阳而作，或庆贺其生子，如《谢庭新秀咏芝祝西厓先生生子》（图 4.20）；或为其写画，如《岳麓秋清》《天柱晴云》并赋诗题上；或次韵唱和，如《送朱武选调常德别驾次李西崖学士韵》《和西涯李阁老韵留题金山》等。

由于沈周足迹不出江浙，其与中央、地方官宦友人的交往也成为中央和地方信息传递、输送的重要渠道。（图 4.21）沈周作为吴中文人圈的文化领袖，这种交往又实现了两地文学信息、文艺思潮相互间最快速、最广泛的感知和传播，仅这一点而言，沈周的文化价值就不容忽视。（图 4.22）

汉晋以来，吴中谈艺从文的风气一直长盛不衰，明中期的苏州，以收藏精鉴、蓄书博古、篆刻出版、雅集酬唱等为特色的审美文化活动蔚然成风，并愈演愈烈。众多书画大家、处士名流积聚苏州，以沈周为中心，或亲或疏，或远或近，以雅洁的志趣、相似的爱好和对时代环境与历史境遇的相似感受

图4.22　沈周《沧洲趣图》　明　纸本设色　纵30.1厘米，横400.2厘米　故宫博物院藏

和反应聚合在一起，志道立德，依仁游艺。士人们超拔傲然，睥睨官职利禄，遨游山川，琴棋书画、诗文词曲之博雅艺事一生不辍。这种萧散自然、唯务艺事的艺术式人生是吴中文人在特殊地理人文环境下形成的特有的人生实现方式，而这种生活方式又极大地反映出吴中文人鲜明的自适、自惬而不自苦的心理特征和人生志趣。

隱

耕　隐

百亩良田湖水阴，门前杨柳路沉沉。
乌犍角短农书堕，苍褐衣香社酒淋。
众草未长春雨少，稚秧初秀野烟深。
东邻西舍皆同事，驷马高车不共心。

何丽娜　黑龙江大学文学博士，现任教于岭南师范学院文学与传媒学院。主要研究中国古代诗歌和明清文学。出版专著《沈周研究》（中国财政经济出版社 2017 年版），发表以明中后期江南文人文学为关注点的系列论文。

“遥知有竹处，便是隐君居”（徐有贞《题有竹居图》），在苏州府长洲县的水乡相城东竹林深处，就是沈周的有竹庄。（图 5.1）

沈氏家族自元末就隐居吴中，沈周亦“以不仕为家法”。

沈家以诗书传家，沈周也很早表现出了他的文学才能，一生诗笔未辍，“风流文翰，照映一时”，但他一直没有参加科考。景泰五年（1454），沈周二十八岁，苏州郡守汪公浒举荐他，沈周“筮《易》，得《遁》之九五，曰嘉遁贞吉”。他对此深感称意，于是“决意隐遁”，在他的江南田园过着“神仙中人”的生活。（图 5.2）

从此沈周这个名字，就被注之以“隐士”。

但沈周之隐已不同于传统隐士。他不再孤傲绝尘，而是与外在世界融融乐乐。如他自己所言，他是一个市隐者。

沈周别业有竹庄是当时吴中文人雅集之盛地。有竹庄“有水竹园馆之胜”，

图5.1　沈周《九段锦》册之《芦汀采菱》　明　纸本设色
纵18厘米，横31.4厘米　日本京都国立博物馆藏

极富审美性。有人曾问沈周为园之道，“石田对曰：多种树，少起屋”①，虽只六个字，直到今天仍是至理。有竹庄遵循着这样的理念，“一区绿草半里豆，屋上青山屋下泉”（《奉和陶庵世父留题有竹别业韵六首》其六），没有那么多的亭台楼阁，只见一丛丛竹林、一棵棵古木，小屋掩映在林溪之间。屋前溪水流淌，屋后竹篱田庄，春来桃花烂漫，秋来竹色深深。（图 5.3）采茶东篱下，悠然见虞山，无尘累之茫茫，有怡然之田翁，“闲来闲往”“时笑时歌”（《溪上》），沈周乐哉。

有竹庄昭示着一代高隐之士的风范，但不只如此，它远比我们想象的热闹。刘珏、徐有贞等前辈常至有竹庄吟诗赏画。沈周又性情宽和，“喜奖掖后进，

① ［清］褚人获辑撰，李梦生校点《坚瓠集》秘集卷六，上海古籍出版社 2012 年版，第 1238 页。

图5.2　沈周《策杖图》
明　纸本水墨
纵159.1厘米，横72.2厘米
台北故宫博物院藏

图5.3 沈周《东庄图》册之《菱豪》
明 纸本设色
纵28.6厘米，横33厘米
南京博物院藏

寸才片善，苟有以当其意，必为延誉于人，不藏也”（《沈先生行状》），其才其德对后辈亦有强烈的召唤力，使得“搢绅东西行过吴，及后学好事者，日造其庐而请焉”（《石田先生墓志铭》）。

有竹庄友朋往来不断，慕名拜访者也从四面八方而来。王鏊记曰：“一时名人皆折节内交，自部使者、郡县大夫，皆见宾礼……每黎明，门未辟，舟已塞乎其港矣。先生固喜客，至则相与谯笑咏歌，出古图书器物，摸抚品题，酬对终日不厌。”（《石田先生墓志铭》）（图 5.4）

礼部尚书李杰为沈周作《有竹居赋》言：“听翛翛之鸣玉兮，濯清风之洒洒。吹参差以相和兮，庶凤凰之来下。携佳宾以啸咏兮，载壶觞以游观。”（《历代赋汇》卷八三）赞沈周之高隐，而“携佳宾”也是李杰在表现有竹居时所不能忽视的内容。正如沈周自己所言，他的门前是“经车过马常无数”（《市隐》）。

朋友们聚到有竹庄，吟咏谈笑，品评赏鉴：

图5.4　沈周《瓶荷图》
1486年　纸本设色
纵144.5厘米，横60厘米
天津博物馆藏

图5.5　沈周《山水图》　1476年　纸本水墨
纵56.1厘米，横31.7厘米　台北故宫博物院藏

时吴有沈周先生，号能鉴古，尚古时载小舟从沈周先生游。互出所藏，相与评骘，或累旬不返。成化、弘治间，东南好古博雅之士称沈先生，而尚古其次焉。（文徵明《华尚古小传》）

尝访沈启南于吴门，沈他出，堂中有素绢，泼墨成山水巨幅，不通名姓而出。石田曰："必金陵史痴也。"要之归，留三月而别。（钱谦益《列朝诗集小传》）

沈周之隐隐于世俗，亦隐于山林。

沈周生活的水乡相城邻山近水。"北窗最爱虞山色，也似香炉生紫烟"（《奉和陶庵世父留题有竹别业韵六首》其一），推开北窗就能望见云雾飘渺变化的虞山，因此，"山水常年旧游伴"（《喜施知州焕伯致政》），山水如同老友一样，是他相知相近的伙伴。（图 5.5）

在山水之间他可以"高帽特寻芳树挂，清歌缓共晚云流"（《和张碧溪登宝峰韵二首》），"闲来闲往曾无为，时笑时歌自有情"（《溪上》），卸下俗世重担，诗人无所拘忌地纵情歌唱。"青山不嫌人，所取随我欲"（《登梁昭明读书台访徐辰翁丹井》），山水是一位宽厚的朋友，它以博大的胸怀，无条件的给予，让沈周感受到释放自我的极大快意。

沈周有时喜欢独行于山水中静悟天地，体悟大自然内在的机妙。（图 5.6）他说："气聚势则附，形散脉复贯。远近相衍迤，中自存博换。虽静有动机，万态纷变乱。"（《自甲浦道太湖四十里，见异香诸山，喜而有作》）这不止于直观的视觉感受，而是在体悟自然现象内在的规律和变化，山峰之间形散而脉贯，而在这连续和延展中又内蕴着冲突和变换，大自然静中有动、动中有静，自然万象纷繁复杂。沈周相信，自然之中蕴藏着无限玄机："天地大藏疾，何所不包容。峰峦皆养晦，草木未发蒙。芙蓉不敢巧，反朴鸿蒙中。"（《宿白马涧》）包容是天地之至美，隐强于露，朴胜于巧，在这种山水体悟中，正蕴

图5.6　沈周《杖藜远眺图》　明　纸本水墨
纵38.74厘米，横60.33厘米　美国纳尔逊-阿特金斯艺术博物馆藏

含着沈周的处世精神和生命思考。（图 5.7）

沈周眼中的山水不仅有高逸之趣，还充溢浓郁的生活气息：“青林人家隐山麓，鸡鸣犬吠闻中洲。鸬鹚群栖竹叶暗，蜻蜓特立荷花秋。莲歌渔唱尚互答，落景在树犹堪游。”（《经尚湖望虞山》）山间如同小村中一般，淳朴、亲切而活泼。（图 5.8）这使得沈周的山水之游独具情味。追溯古人的山水之趣，无论是谢灵运笔下的华丽山水，陶渊明、王维笔下的空灵山水，还是李白笔下的纵逸山水，山水都是属于文人雅士的，山间樵子、林中小屋都是带着浓郁隐逸气质的文人化意象，山水精神是纯文人化的。但沈周不同，他可以和所有人一起共享山水，不仅有高山流水之雅意，亦有鸡犬相闻、蜂追蝶舞之俗趣。沈周的山水在某种程度上亦被田园化了，不仅承载着高隐者的心迹，也是生活化的空间，在这里隐与生活从不冲突，隐代表着更契意的生活方式。

图5.7　沈周《抱琴图》
纸本设色
纵153.1厘米，横60厘米
台北故宫博物院藏

图5.8 沈周《九段锦》册之《青山红树》 明 纸本设色
纵17.9厘米，横32.1厘米 日本京都国立博物馆藏

所以，他放情山水，更痴守田园。

苏州城越来越繁华了，但乐于接受新事物的沈周对此没什么兴趣。沈周“少在城中多在乡”（《次天全翁雪湖赏梅十二咏》），久居田园。偶尔入城一日，便会急切地归家，他在自城回乡的舟上一边欣赏着“一鸟没虚碧，数枫留晚红”的美丽景致，一边热切地向家中望去，“指家浑不远，村过更桥东”（《十月二十八日早自城回》，图 5.9）。当然，沈周归家时的急切心情与他奉亲至孝有直接关系。如他在《城中夜归》中言，“柴门高想慈亲倚，新月疏星恐夜深”，在回家途中想到天色已晚，老母可能正倚门盼望，这显然是沈周急于回家的一个直接原因。而更深层的原因是，“尘累茫茫有郁襟，思乡就晚发城阴”，沈周的“思乡”中包含着对“尘累茫茫”的疲惫和摆脱。“晚郭归舟急若何，市尘犹恐累渔蓑”（《七月十五日城中晚归》），归舟急切，“市尘”与代表着隐逸趣味的“渔蓑”形成冲突，他急切地要脱去“市尘”之累，回归到“渔蓑”

图5.9　沈周《东庄图》册之《东城》
明　纸本设色
纵28.6厘米，横33厘米
南京博物院藏

状态，回归田园。

沈周也强调隐之不拘形迹，“要知泉在心，心远地则偏”（《听泉》）。（图5.10）但他又表示：“城市岂堪闻，潇湘寄耳根……心通正如洗，明月满秋园。”（《听竹》）指出自然风物会净化人的心灵，使人心澈澄如洗。沈周一方面强调真正的隐者要能够排除外界的干扰，同时在现实生活层面，他努力寻求能与身心自然融合的外在环境。因而，他拒绝了仕进之路，选择山水田园作为自己的栖身之所。

在山水田园间，“四时快活容易过”“不用低头俯仰人”（《田家乐》），他深深陶醉于这种自然的和谐和人情的淳厚。乡间的渔船、灯火、草堂、小桥、竹竿、渔具和山间的溪流、野花、鸟雀、小屋、草径、羊群在诗人的笔下都极富温暖的召唤，充满了活力和生活情趣。这种温馨的诗歌意境传达出诗人在山水田园中所感受到的适意和温情。“怡怡晨夕间，言笑谐四邻”（《田家

图5.10　沈周《松岩听泉图》
明　纸本设色
纵140厘米，横31.2厘米
台北故宫博物院藏

图5.11　沈周《新郭图》
明　纸本水墨
纵23厘米，横31厘米
故宫博物院藏

咏》），“钓鱼偿酒券，卖藕补佣钱”（《清溪小隐》），“瓜圃熟时供路喝，稻畦收后问邻饥”（《东庄为吴匏庵尊翁赋》），“时来卜肆听论易，偶过邻家问养蚕”（《市隐》），“倾筐纵横箸把乱，瀹汤潦倒算子柔”（《采蕨行》），“虎山桥畔晚市忙，打鼓渔郎卖鲜鲤”（《光福》），夕阳下的田园水乡淳朴温馨，意兴陶然之际，沈周挥笔而成一幅水村图。（图 5.11）

沈周在他的小小田园“躬耕修隐德”（《耕乐》）。而他不只参与耕作，还精通各种技能。他自己酿酒、酿醋甚至配制药方，有竹居中不只有琴棋书画，还充满着浓浓的生活情味。（图 5.12）《石田杂记》中零散地留下了些“酿醋法”“造红曲法”“神仙造酒方”等，其中对各种用料、所需时间，及对相应情况的处理，都有极为细致的说明，体现了沈周对这一过程曾亲力为之，并颇有心得。

沈周的《续千金方》未能流传，只在《石田杂记》中留下他随笔记下的一些常见病医方，如治疝“用蛇床子加少麝香，煎汤薰洗，冷则易之”，治簇筋“用桑树向南枝三条，以刀轻刮去外面粗皮，用内面青皮，以铁锤锤烂，

图5.12　沈周《花下睡鹅图》　明　纸本设色

纵130.3厘米，横63.2厘米　台北故宫博物院藏

图5.13　沈周《杏林书馆图》
明　纸本设色
纵75.8厘米，横31.1厘米
台北故宫博物院藏

井花水调敷患处即好”。在这些零零散散的记述中，我们看到这位被称为“神仙中人”的高隐之士其实又是多么地充满人间烟火气。

随着隐逸生活渐入佳境，沈周越来越喜欢作画。

沈周早期的交往以诗书往来、诗文倡和为主，并无赠画的记载，可知青少年时期绘画并没有占据他太多的精力和时间，也没有进入到他的社交生活中。沈周应是三十余岁时才开始专注于此，画艺日渐精进，并以作品赠人。沈周跋《支硎图》云：“此图为今冬官顾崇善所作，盖作于天顺间也。冬官尚游郡庠，予始学弄水墨……今复出观其图，笔稚墨涩，对之赧然……成化丙午九月，沈周重题。”[①] 沈周言“此图作于天顺间”，虽未确指，然天顺年间是沈周三十一岁至三十八岁之间，题跋中有“始学弄水墨”“笔稚墨涩”之说，可知此时沈周才开始专注于画事，所以三十余岁是沈周从画的早期。此时是沈周占卜拒仕之后，他已决定了生活的方向和方式，并且三十五岁得释徭役，内外的因素都使得这一时期的沈周把作画作为隐逸生活的一个重要内容，以诗画娱情适己、抒发情怀。

他画他现实中的有竹庄，也画想象中的桃花源：在青山脚下，溪水潺潺流过，桃花围绕的小茅屋，一人正坐在那里读书，空气中弥漫着桃花的香甜和绿叶的清爽，没有是非纠结，没有人声嘈杂……（图 5.13）

不过，山外就有了。

沈周在当时就已声名远播，据王鏊《石田先生墓志铭》载：“及后学好事者，日造其庐而请焉……间以事入城，必择地之僻隩者潜焉。好事者已物色之，比至，则屦满乎其户外矣……数年来，近自京师，远至闽、浙、川、广，无不购求其迹，以为珍玩，风流文翰，照映一时，其亦盛矣。”沈周名盛当世，向他求画者总是“屦满户外”，以至于沈周自嘲道：“堪笑山人闲不了，

① ［清］陈焯《湘管斋寓赏编》卷六，世界书局 2009 年版，第 365 页。

图5.14　沈周《卧游》册之《仿米云山》　明　纸本设色
纵27.8厘米，横37.3厘米　故宫博物院藏

图5.15　沈周《卧游》册之《秋江钓艇》　明　纸本设色
纵27.8厘米，横37.3厘米　故宫博物院藏

图5.16　唐寅《王鏊出山图》　明　纸本水墨　纵20厘米，横73.5厘米　故宫博物院藏

侵朝洗砚写云山。”（《题画》，图 5.14）

沈周对于普通百姓，态度极为平易，对于众人无休止的乞诗乞画也表现得相当宽和。“每欲至窝，远近相传曰：‘沈先生来矣。’候之者舟哄河干，屦满户外，乞诗乞画，随所欲应之，无不人人满意去。”[①] 这种场面热闹中不免嘈杂。一方面虽然众人有索画的目的，但从中可见他们对沈周的期待和亲近；另一方面，沈周作为“吴中第一高士”，面对这种嘈杂，能使“人人满意去”，足见他内心的平和适俗，所以王鏊说沈周“高致绝人，而和易近物，贩夫牧竖持纸来索，不见难色”（《石田先生墓志铭》）。（图 5.15）

① ［明］姜绍书撰，印晓峰点校《无声诗史》卷二，华东师范大学出版社 2009 年版，第 35 页。

当时模仿沈周诗画出售者极多，最有戏剧性的是有人“或为赝作，求题以售”，而沈周“亦乐然应之”，他显然并不以绝对的是非标准去衡量这种行为，或宽而待之，或乐而助之。这种亲切与平易，与传统隐士的孤高自处大不同。

成化十六年（1480），沈周五十四岁时，宪宗聘诏，他再次拒绝。“岁月易流嗟物变，功名已过觉心宽……想得金陵山水地，自知行乐胜为官”（《赠黄执之》）。

不过新一代在是否出仕的问题上有了很大的变化，像唐寅和祝允明，他们都对仕途充满了希望。（图 5.16）

唐寅满是豪情地去考试了。沈周与众人在虎丘为他饯行。

一个月后，却惊闻唐寅因牵涉科场行贿而下狱，同时下狱的还有主考官

图5.17 唐寅《桐荫清梦图》 明 纸本水墨
纵62厘米，横30.9厘米 故宫博物院藏

程敏政。程敏政在这巨大的打击下不久便离世。沈周无法抑制悲痛，在他的草堂中为程敏政赋诗以彰清白：“君子不知蝇有恶，小人安信玉无瑕。”（《挽程宫詹》）多年前，当程敏政因雨灾被弹劾致仕，沈周就不畏风狂雨暴，奋力发声：“人从今日去，雨是几时晴？”（《送程宫詹》）在精神上给予程敏政支持与安慰。如今，斯人已去，沈周再次以掷地有声的悲音向世人宣告在野文人的正义担当。虽为隐者，不忍不平之事。

唐寅仕途无望，干脆卖画为生。沈周也为他点赞，他欣赏任何一种有尊严的生活。（图 5.17）

唐寅的莫逆之交祝允明也科场不利，他一边执着地考试，一边享受生活。他虽然缺点不少，沈周却总能看到他身上最闪光的东西，始终对这位放浪不羁的后辈充满喜爱和欣赏，视为一生的知己。

沈周的人生和他的诗画一样，都在努力遵循着一种“漫兴”精神（《跋杨君谦所题拙画》）和“合自然”（《读陶诗二首》其二）的理念。

沈周很欣赏道士朋友方志清，称赞他豪放的性情和鹤影仙踪般的形迹，“水云黄冠流，诗酒发清旷……留亦无不从，去亦无所怅”（《方道士还冶城》），“一片闲心如太古，何曾染着世间愁”（《和方水云写怀韵》）。值得注意的是，方志清曾劝沈周跟他学道：

> 翩然学仙子，浮游大江东……造我修竹下，自开床头瓮。笑歌杯酌次，扬声动泠风。劝我事至道，玄默与天通。欲学知不易，衰颜无故红。明朝返笙鹤，无方追往踪。（《方水云过竹居》）

从诗中可知，过着云游生活的方志清穿着闲逸、举止洒脱，在沈周的居所毫无拘束，不等主人招呼就“自开床头瓮”，两人杯酌甚欢。方志清劝沈周事玄老之道，言通此道则可“与天通”，沈周的答复是“欲学知不易”，很委

图5.18　沈周《烟江叠嶂图》　明　纸本水墨　纵49.8厘米，横280厘米　辽宁省博物馆藏

婉地拒绝了。但他内心真正的思考是“衰颜无故红”，可见他并不真的相信返老还童之术，而是更相信自然的发展规律。方志清卒后，沈周在为其所作的挽诗中进一步表达了对学仙的看法：“学仙不就如炊沙，紫府著尔无闲衙。长生苦苦累唇舌，六十瞥眼风中花……长途昨夜忽观化，讣至空使吾胸挝。皮囊败坏秋草里，青山剑穴从谁爬。碧云黄鹤渺何许，矫首西睇令人嗟。我今随生亦随死，努力加饭辞餐霞。”（《挽方道士用东坡清虚堂韵》）所谓的长生之术如风中花一样美丽虚幻，进而表达了自己的生死观，“我今随生亦随死”，遵循自然的规律。此时的沈周也已近七十岁，对于生命却始终保有清醒的认识。（图 5.18）

年纪渐长，沈周越来越喜欢听故事了。于是，苏州城的人都来给他讲故事，每天闹哄哄的，沈周觉得挺好，他“造百客堂，每近暮，必张筵四方人”[①]。

沈周的画债似乎永远都还不完。人人都知道沈周好听稀奇古怪的故事，

① ［清］梁维枢《玉剑尊闻》卷三，《续修四库全书》第 1175 册，上海古籍出版社 2003 年版，第 264 页。

于是有人脑洞大开，编些故事来换沈周的画，“欲得其图画者，辄谭鬼怪之事以动之，事穷，或凑合而成，故失之诬者颇多”（《石田先生事略》），沈周也不计较，自是乐在其中，他把这些真真假假的故事记下来，且留待后人去体味吧。

总之，人们以各种各样的方式，最终家家都弄到一幅沈周的画，“年来都下家家有”（钱谦益《为屠大理题石田画》），“伪作纷纷到京城”（吴宽《题石田画》），虽不知画是真是假，但上面的题款应该大都是真的。

又有人来求画。

沈周捋了捋一抹长须，信笔画了一幅梧竹图，题道：“画了梧枝又竹枝，绿阴如水墨淋漓。信人卷去糊窗壁，雨雨风风总不知。”（《梧竹》）率性和洒脱中看透了名利纷争。（图 5.19）

沈周渐渐衰老，夜深人静时，他在灯下翻阅着他的诗集，像翻阅着他漫漫的一生和这苏州城的历史：成化十一年（1475）秋忽然老虎横行，“前村渐报咥老翁，西村少年扑见骨”（《虎来》），“西山有虎动成群，小儿夜啼争撞门”（《西山有虎行》）；虎患令百姓惶恐不已，可盗贼横行比虎患还要厉害：

图5.19　沈周《仿倪瓒山水图》
1479年　纸本水墨
纵120.5厘米，横29.1厘米
故宫博物院藏

图5.20　沈周《雨意图》
1487年　纸本水墨
纵67.7厘米，横30.6厘米
台北故宫博物院藏

“家家夜结束，老少泣以伺。一息苟奠安，天明各相喜”（《盗发》）；苏州淫祠淫祀盛行，东邻西院祭拜土偶，以致求亲贷邻、鬻女典衣，也让人忧心不已，要提醒他们，“土岂有知，群小实使。此事有类，河伯娶妇。有豹为令，悉投诸水”（《土偶祸》）；民生的问题很多，但江南最常见的灾难就是水患，弘治四年（1491）、五年连续两年的水患尤其严重，“嚼草草亦尽，仰面呼高天……生者乞四方，所饱何处边……四郊类兵变，苍莽空人烟”（《十八邻》），百姓都站在水中呼天抢地，最终妻离子散，行乞他乡……

天上有一颗流星划过，沈周急忙推窗细看。

弘治十八年（1505）五月初七，励精图治的孝宗皇帝因病英年早逝。七十九岁的沈周表达了他内心的悲痛:“愚翁分与世缘疏，国恤惊心泣且吁……不知伊傅谁调鼎，欲梦羲皇我枕书。”（《乙丑六月闻哀诏有感》）处江湖之远而忧其君，沈周对明君逝去深感悲伤。

沈周八十岁时又结识了一位新朋友——七十岁还疯疯癫癫的史痴翁，两人一见投缘，“不知人所毁，亦不求人怜”，所谓隐者，是自我世界的不断丰满和强大。（图 5.20）

人来问我生涯，百年端的农家。识字无多几个，挂书牛角，绕村闲访梅花。

人来问我农家，短墙斜撩鸥沙。老矣疏茅破屋，闭门高卧，外边缭乱杨花。（《和东坡小词二阕》）

时光流逝，但吴中百姓还是时不时地去寻找这位落笔值千金的老头儿，只是却真的很难再找到他。他可能骑着牛在村外闲逛，但也许，他正在他的小茅草屋里摇着蒲扇进入千年万年的遐想中，世俗的敲门声再也不会让他烦恼和心动。

憂

息役即兴

渥露被草木，总翠一何荣。濯发南窗下，但闻流水声。

不闻官长呵，髀肉今再生。孔翠惩牛角，始剧丹霄情。

鸿鹄逃网罗，高秋正冥冥。君子顺坎止，吾岂矫其名。

汤志波 复旦大学文学博士，现任华东师范大学中文系副教授。出版古籍整理《沈周集》（浙江人民美术出版社 2013 年版）、《张羽集》（浙江古籍出版社 2018 年版）、《弇州山人题跋书画跋跋》（上海书画出版社 2020 年版），主持国家社科基金项目“沈周与吴中文坛研究”、教育部全国高校古籍整理委员会直接资助项目“沈周诗文编年校笺”等。

忧国忧民

沈周终生隐居林下，虽多次征召不赴，但并非忘世之人。（图 6.1）沈周时时在关心国家大事，个人的忧乐与政事得失密切联系在一起："我本耕田夫，居下受人治。凡察政得失，于我忧乐系。"（《送文宗儒服阕之京》）六十岁生日自寿云："自是田间快活民，太平生长六经旬。不忧天下无今日，但愿朝廷用好人。"（《六旬自咏》）花甲之岁的生日祝愿，首先是希望朝中有贤臣。文徵明言："先生（沈周）每闻时政得失，辄忧喜形于色。人以是知先生非终于忘世者。"（《沈先生行状》）张铁称其"忧时悯俗之志，未尝去诸方寸"（《石田诗选跋》），均实录也。

沈周一生经历了宣德、正统、景泰、天顺、成化、弘治、正德七朝，虽不是逐鹿易鼎的年代，但也并非太平无事。正统十四年（1449）秋七月，瓦剌骑兵分道犯境，"也先寇大同，至猫儿庄"，"脱脱不花王寇辽东，阿剌知院寇宣府，围赤城"。（《明史·鞑靼列传》）明英宗朱祁镇决定亲自北征，结果在河北张家口的土木堡被俘，史称"土木堡之变"或"己巳之变"。沈周

图6.1　沈周《东庄图》册之《耕息轩》
明　纸本设色
纵28.6厘米，横33厘米
南京博物院藏

闻之，赋诗云：

> 灯火郊居耿暮秋，北风迢递入边愁。三更珠斗随天转，万里银河接海流。筹笔简书何日见，亲亭冠盖几人游。侧身自信江湖远，一夜哀吟欲白头。（《己巳秋兴》）

暮秋深夜，隐居郊外的沈周听到“北狩”的消息，仰观银河北斗，夜不能眠。颈联中的“筹笔”即筹笔驿，在今四川广元市北，三国时诸葛亮出师尝驻军筹划于此；“简书”为军令，唐代李商隐《筹笔驿》诗中亦提到了简书：“猿鸟犹疑畏简书，风云常为护储胥。”[①] 沈周即化用此意，“筹笔简书”借指治军严明又有谋略的军事能人。“亲亭”或是“新亭”之误，《世说新语》

① ［唐］李商隐撰，刘学锴、余恕诚集解《李商隐诗歌集解》，中华书局2016年版，第1471页。

中有一个著名的“新亭对泣”典故：“过江诸人，每至美日，辄相邀新亭，藉卉饮宴。周侯中坐而叹曰：‘风景不殊，正自有山河之异！’皆相视流泪。唯王丞相愀然变色曰：‘当共戮力王室，克复神州，何至作楚囚相对！’”[①]建兴四年（316）长安失守，西晋灭亡。司马睿迁都建康（今南京），从北方避战乱到江南的士大夫们，常聚在新亭饮宴。看长江对面风景依旧，却已属于异国所有，大家默然流泪，只有王丞相（王导）发出了“戮力王室，克复神州”的呐喊。“冠盖”原是官员的冠服和车乘，泛指官员，宋代马之纯写新亭“忆昔诸贤扶晋室，冠盖多于此云集”[②]，也是追述东晋诸君的忧国伤时之悲。颈联一句，沈周巧妙化用了李商隐、马之纯二诗，三诗并观，亦可见异曲同工之妙。沈周感叹国境不宁，君王北狩，而朝中没有像诸葛亮一样的辅臣可以发号施令，挽回战局。时年沈周仅二十三岁，“一夜哀吟欲白头”虽是夸张，亦可见其忧国之深。

成化间沈周赋诗赠友人归秦州，本应是依依不舍的惜别之情，却被一种义愤填膺的家国愁思所笼罩：“延安绥德边报急，秦州在陷家当失。黄河冻合胡马健，倏来度冰如踏石。奈何主将与监军，玩寇自顾舟中敌。驻兵无常惑饷道，远输岂顾烦民力。”（《送人归秦州》）成化间陕西延安等地屡遭侵扰，据《明史》记载：“成化元年春，孛来诱兀良哈九万骑入辽河……散掠延绥……孛来与小王子、毛里孩等先后继至，掳中国人为乡导，抄掠延绥无虚时，而边事以棘。”二年夏又“大入延绥”，四年冬“寇延绥，明年春再入……冬

① ［南朝宋］刘义庆撰，徐震堮校笺《世说新语校笺》，中华书局2016年版，第50页。

② ［宋］周应合《景定建康志》，南京出版社2010年版，第542页。“冠盖之亭”或有“冠盖亭”之意，据［宋］叶廷珪《海录碎事》卷四载：“冠盖亭在襄阳县南二十里冠盖山下。后汉灵帝末，天下大乱，尝有去官及居职见四郡守、七都尉、二卿、两侍中、一黄门、二侍郎、三尚书、六刺史、二十长史。”中华书局2002年版，第158页。沈周诗中亦或指“己巳之变”中逃亡的官员。

图6.2　周臣《流民图》（局部）　1516年　纸本设色
纵31.9厘米，横244.5厘米　美国克利夫兰艺术博物馆藏

复纠三卫入寇，延绥、榆林大扰”[①]。可知此间西北边境的状况。此时的沈周，心中不仅有对友人路途未卜的担忧，更多是对战事的焦虑与主政者玩寇自败的愤慨。“杞人闻之搔白头，落日倚襟江上楼。呜呼韩范不复作，极目秦云空自忧”。倚在江边亭楼之上，目眺友人乘舟远去，落日余晖之下，沈周心烦意乱，既期待朝中能出现像宋代韩琦、范仲淹这样的军事能臣，又感慨自己报国无门，只能空自担忧。（图 6.2）

西北边疆战事不断，东南沿海也不太平，海盗骚扰之事频频发生。成化十七年（1481），沈周听闻海盗刘通归顺，作诗记之：

① ［清］张廷玉等《明史·鞑靼列传》，中华书局 1974 年版，第 8472—8474 页。

海盗夤缘久，边防废弛多。交通混猫鼠，出没仗风波。赫炽威行火，张皇裀本鹾。蚁乌供啸聚，鱼肉惨经过。治静俄惊此，擒迟或虑佗。元戎将舸舰，沧海照干戈。飓发扬旗虎，涛翻震鼓鼍。首凶皈急网，群孽走余艖。纳款虽无杀，追亡会有科。摘瓜须抱蔓，伐树岂遗柯。军令当何制，吾居尚未那。明朝重听捷，为赋凯旋歌。（《闻海盗刘通纳款仅七人，其亡去者尚多，忧而赋此》）

成化初湖广郧阳曾爆发刘通、李源率领的流民起义，其后东部沿海又有同名者据海为盗，史载：“刘通、施太（泰）足一摇，数郡震扰。”[①] 由于海上管理防卫松弛，私盐贩交通频繁，遂沦为海盗。刘通等盗贼如同乌合蚁聚，出没海中，鱼肉百姓。而官府投鼠忌器，迟迟未能捉拿。虽然最后主犯降服归顺，但自首的仅七人而已，大部分海盗已经逃亡。此事让沈周颇为担忧，建议朝廷继续追击逃匿的盗贼。

沈周的担忧并非多余。弘治后盗贼聚集频发，乃至公然入室劫掠，杀人放火，无恶不作。沈周诗中亦有记载：“小窃虽饥寒，巨猾实扇起。十百相党群，刀殳弄凶技。前邻遭斫关，逼货炙妻子。后邻发重堤，进舟当门舣。担负亦公然，罄室乃云止。稍或有抵牾，人戮庐亦毁。”（《盗发》）百姓每天战战兢兢地生活，“家家夜结束，老少泣以伺。一息苟奠安，天明各相喜”，而官府仍以笼络招安为主：“有官示以仁，得录不之罪。”只要海盗表示归顺，登记在册，便不再追究其罪。沈周对此极为愤慨：“老者见不忍，高天诉曷通。掌杯虽拨闷，抑郁尚填胸。”（《拨雨闷》）义愤填膺却只能在诗中向苍天诉说不公。

边塞战争、沿海平盗等国家大事，主要是肉食者谋之，沈周顾虑更多的

① ［明］方凤《改亭存稿》卷一《蔡侯平海盗序》，明崇祯刻本。

图6.3　沈周《蚕桑图》　明　纸本水墨　纵16.8厘米，横49.2厘米　故宫博物院藏

是民生疾苦，尤其是吴中百姓的生活。（图 6.3）沈周虽长于书香门第，成年后又以绘事为业，但一生未脱离农家本色，“我家孝悌仍力田，自此相传逾百年”（《题古木群乌示鸿儿》）、“薄田乃先业，敢辞力穑艰”（《息役即兴》）均是其真实的生活写照。成化九年（1473）正月初一苏州大雪，据有经验的老农说这是春季水灾的预兆，所以沈周异常担忧：“去年无钱酬债主，又无稞米还官司。一年遥遥十二月，我告饥寒当向谁。县批昨日排门唤，口咬菜根驱作岸。”（《春雪歌》）（图 6.4）

沈周所写的悯农诗，绝大部分和水灾有关，如《感雨》：

> 雨雨风风久未晴，不眠人起夜三更。玉川拟问颠崖命，锦里空劳广厦情。社树有灵阴火出，海田无畔晚潮平。朝来儿女应相讶，谓底多愁太瘦生。

颔联化用了两句唐诗，“颠崖命”出自卢仝（号玉川子）所作《走笔谢孟谏议

图6.4　周臣《夏畦时泽图》　明　纸本设色
纵26.4厘米，横31.3厘米　故宫博物院藏

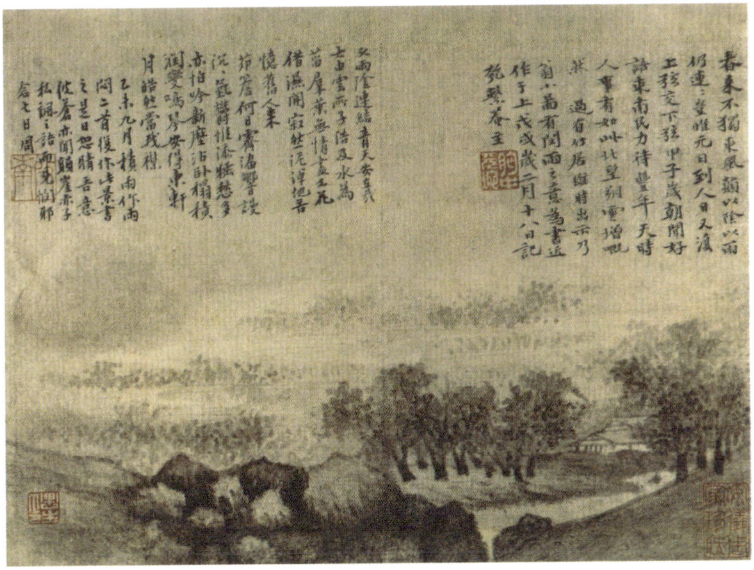

图6.5　沈周《空林积雨图》　1475年　纸本水墨
纵21.7厘米，横29.2厘米　故宫博物院藏

寄新茶》:“安得知百万亿苍生命,堕在巅崖受辛苦。便为谏议问苍生,到头还得苏息否?”而“锦里”句则化用杜甫“安得广厦千万间,大庇天下寒士俱欢颜”。润物的春雨过多,就会变成洪水猛兽,沈周像卢仝、杜甫一样担忧民生,仿佛一夜之间消瘦,以至于第二天早上儿女相视惊呼,这得是多少忧愁?在强烈的心理冲击下,沈周以悲悯之情怀,陆续写下了《堤决行》《低田妇》《割稻》《苦雨》《水乡孥子十首》《苦雨寄城中诸友》《十八邻》等诗作,举《割稻》一诗为例:

> 我家低田水没肚,五男割稻冻栗股。劳劳似共雨争夺,稻芽旋向镰头吐。蓬蓬纂纂缀青针,稻既生芽米应腐。腐余割得尚喜欢,计利当存十之五。小家伶仃止夫妇,稻烂水深无力取。口中之食眼中饱,忍见穗头沉着土。波间粒粒付鱼雁,一年生计空辛苦。但忧两口不聊生,未暇征租虑官府。老翁坐对沉灶哭,婆亦号咷向空釜。云昏月黑忘关门,隔壁咆哮一声虎。

水稻收获的时节突降暴雨,农民只能与天争食。沈家人手尚多,五个仆人一起割稻,且只能夺回一半的粮食。小户人家就没有这么幸运了,孤苦无依的邻家老夫妇,只能眼睁睁看着快要成熟的水稻沉入水中,一年的辛苦随之飘走。民众缺衣少食,无力缴纳官粮,但官府并不体恤百姓,继续横征暴敛。面对“春霖接秋潦”的天灾、“逋窜空邻里”(《霜降后一日书事》)的人祸,沈周将自己满腔的忧国恤民之情凝注于笔端,对苛政发出了“天问”。(图 6.5)

成化八年(1472),四十六岁的沈周作诗自寿,不但没有多少庆生的欢乐,反而是家国之忧愁涌上心头:“况闻虏骑突,西北警边防。吴中鸿方割,饥民负官粮。朝廷多外顾,私家亦遑遑。”(《初度日归自吴门》)边境战事又起,吴中水灾不断,过多的忧愁致使沈周发已半白:“秋来抱病在棐床,短鬓缘

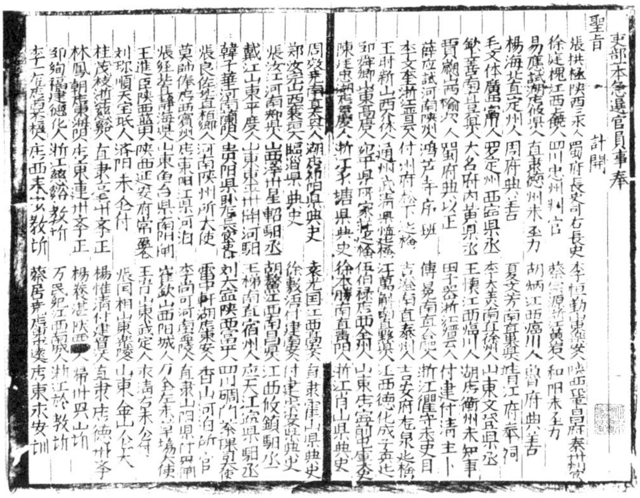
吏部本急選官員事奉
聖旨 計開

图6.6　明代邸报　《急选报》　明万历年间刻　中国国家图书馆藏

愁太半苍。北使数能传疫疠，南方犹未复流亡。”（《病中书怀》）北方使者带来的战争消息，南方水灾后百姓流亡的场景，无不让其焦灼万分。沈周虽不出仕，但对国事民生颇为熟稔，这既源于与京师大臣的书信交往，也来自邸报（图 6.6），沈周经常阅读朝廷官报：“白发穷檐忧老农，边尘日日有惊烽。”（《闻邸报》）可以说对国家战事的担忧、对民生疾苦的关注，贯穿其一生，从青年到老年，沈周都不曾忘怀。

沈周最喜欢苏州乡贤范仲淹的名句“先天下之忧而忧，后天下之乐而乐”，经常劝导友人要“先忧后乐”，如送范景仁赴国子监说“须知忧乐先公事”（《送范景仁入胄监》），送苏州知府丘霁赴京述职云“忧乐关心今范老”（《分得中字送丘侯述职十二韵》），友人吴宽守丧期满除服，沈周赋诗送之曰“先忧后乐君须任”（《送吴匏庵服阕还朝》）。沈周像范仲淹一样，“百年忧乐每同心”（《和俞都宪子俊谒范祠二首》），“先忧后乐”也是其一生的精神写照。

愁家愁己

沈周的忧国忧民，与其担任粮长的经历有关。沈氏家族在元代最盛，但因易代战乱，产业殆尽，家族中衰。至曾祖沈良琛稍振起之，到了伯父沈贞、父沈恒这一代，再度成为苏州相城大家。洪武四年（1371），朱元璋在江浙一带建立“粮长”制度，纳粮一万石左右的地方为一区，指派区内纳粮最多的大户世充粮长，负责征收和解运田粮。此后还规定粮长须拟订科则、编制图册、申报灾歉、检举逃税、催办粮差。粮长属于半公职人员性质，开始时地主大户也以充任粮长为荣，但随着赋役日重，税户逃亡日多，粮长需要补偿租税，所以赔累不堪，成为苦役[①]。沈周在其笔记《客座新闻》中就记载了粮长破产的例子：

弘治中，常熟桑民怿通判尝过富家，见其碌碌置田产，戏为号遗之曰：

---

① 参见梁方仲《明代粮长制度》，上海人民出版社 2001 年版，第 1—6 页。

图6.7　沈周《九段锦》册之《田家耕作》　明　纸本设色
纵17.8厘米，横34.3厘米　日本京都国立博物馆藏

> “广置田庄真可爱，粮长解头专等待。转眼过来三四年，挑在担头无处卖。”近年民家有田二三百者，官司报作粮长、解户、马头，百亩上下，亦有他差，致被陪贼不继，以田变卖输纳。再不敷者，必致监追，限期比较，往往累死者有之。往年田值银数两者，今止一二两，人尚不愿售，其低洼官田，情愿给与人承种办粮，不用价，人尚有不欲受者。其奈朝廷供需岁增月益，皆取于民以奉上乎？夫民赖资以养生，今民不堪命，以致伤生破业。此民怿之言虽曰嘲之，而实切中时病也，呜呼惜哉！（卷三《桑民怿嘲富翁》）

故事虽然是说友人桑悦之诙谐，但也是明中叶苏州粮长“伤生破业”的真实描写。很不幸，沈周的父亲沈恒在宣德六年（1431）就开始担任粮长，由于粮长是“永充制”，所以沈周也要接替其父，继任粮长。（图6.7）其诗中“不闻官长呵，髀肉今再生”等多首“息役即兴”“退役即兴”之作，或是与粮长任务暂时解脱有关。成化初年，其弟沈召继任粮长，沈周作诗送之：“负

重怜年少，红尘逐病身。既为执役者，莫作晏眠人。官里诛求数，民间给用贫。余情不堪道，相对但沾巾。”（《继南执役》）年轻的沈召也没能逃掉这份苦差事。

唐代韩愈曾说“赋出天下而江南居十九”（《送陆歙州诗序》），可见江南在唐中叶就成为经济中心，已有重赋之累。明成化间丘濬（1421—1495）继言：“以今观之，浙东西又居江南十九，而苏、松、常、嘉、湖五府又居两浙十九也。”（《大学衍义补》卷二四）嘉靖间礼部尚书顾鼎臣（1473—1540）又云：“苏、松、常、镇、嘉、湖、杭七府，财赋甲天下。”（《明世宗实录》卷二〇四）所谓“江南赋税甲天下”，而苏州又首当其冲，可想当时赋税之重。其时钱粮逋欠已经成为常态，百姓不能按时交租，就会选择逃亡，沈周表弟张允成一家就是如此，“歉岁逋租力莫偿，一家十口趁流亡”（《怀张允成表弟》）。而这些逃亡农民的赋税，最终需要下层的“粮长”代为偿还。沈周十三岁时，其父沈恒曾为此事被县令窘迫，少年沈周上书白父冤。二十九岁时沈周充任粮长，适逢岁饥，多次代偿之后，已无能为继，靠妻子陈慧庄卖掉首饰来维持（李应祯《沈启南妻陈氏墓志铭》）。据史料记载，沈周还曾因拖欠官府租粮五百石，被羁押入狱，最后是靠友人郭琮代为缴纳，才得以解脱[①]。（图 6.8）

由于一直被“粮长”之职所困扰，所以沈周经常流露出对家庭经济状况的担忧，并将此种种心境，一一记录在诗中。沈周家境并不宽裕，居住的房子还曾漏雨：“弊庐依田畷，懒漫久未葺。兹晨被霖雨，上下苦沾湿。初滴一甍间，百漏驯湒湒。渐渍木性腐，梁栋恐弗立。痴儿护书卷，脱衣致重袭。弱女夜不眠，裹被涝涝泣。”（《屋漏》）房子由于年久失修，屋外倾盆大雨，屋内淅沥不断。儿子忙着护书，用衣服包了一层又一层，女儿则只能裹被哭泣，彻夜不眠。女儿出嫁后沈周本想松一口气，但家境仍难以为继，“女嫁本轻累，家贫翻重愁”（《雨中即兴》），“重愁”并非无病呻吟，而是作为一家之主

---

① “沈周尝负租五百石，令羁之狱，（郭）琮即代偿而出之”。见［明］张德夫等《（隆庆）长洲县志》卷一四，明万历刻本。

图6.8　唐寅《江南农事图》
明　纸本设色
纵74.4厘米，横28.1厘米
台北故宫博物院藏

图6.9　周臣《辟纑图》　明　绢本设色　纵31.5厘米，横159厘米　天津博物馆藏

的沈周对生活压力的真实感受。（图6.9）

成化十四年（1478）端午节，年过半百的沈周作诗述情："周也浑衰惫，奔波已不便。亲淹阶上殡，食仰水中田。借贷烦亲戚，饥寒罪岁年。低头搔白鬓，雪涕在青编。忧患今如此，聪明不及前。"（《端午漫书》）是年去世的父亲尚未安葬，全家生活依靠的水田因洪灾歉收，日常用度尚需向亲朋好友借贷，可知沈周家境之窘迫。次年除夕又作诗云："立券每赊扶病药，作缄因借养生书。亲羹坐雪肥鲜少，索画人来喜馈鱼。"（《除夜》）看病之钱需赊欠，幸得买画人有所"馈赠"，母亲才得以品尝鲜鱼。（图6.10）尤其是弘治十五年（1502）长子沈云鸿去世之后，沈周不仅白发人送黑发人，还要再度支撑门户，为全家作衣食之谋："佚老余生愿，失子末路悲。不幸衰飒年，数畸遭祸奇。独存朽无倚，如木去旁枝。剩此破门户，力惫叹亘持。屑屑衣食计，一一费心思。"（《理诗草》）其艰难困苦，读之令人泪下。

文徵明曾记载沈周有竹居盛况云："佳时胜日，必具酒殽，合近局，从容谈笑，出所蓄古图书器物，相与抚玩品题以为乐。晚岁名益盛，客至亦益多，

户屦常满。先生既老，而聪明不衰，酬对终日，不少厌倦。”（《沈先生行状》）后人多据此误以为沈周生活优裕富足，但其真实生活并非我们想象的那样，所谓“身居林下、名满天下”的声誉能改善多少物质生活尚有待考证，门生弟子追忆的文坛盟主形象，与沈周自言布衣困顿的生活境遇反差极大，一如其诗歌中记载的苏州百姓之困苦不堪，完全不同于他人笔下的“杏花春雨江南”般浪漫。（图 6.11）

沈周虽然自己隐居不仕，但一直希望家人读书仕进，侄子沈应蟾堕学，沈周作诗为其哀叹：

老境无所役，榾榾理旧书。目昏不能读，理之良有娱。所望二三子，诵习在勤劬。但惜各有年，外慕不能无。蠢堕惟蟾者，顾非千里驹。畏学屡逋逃，何异苦盐车。我耻凉薄德，不是化室庐。成人固莫责，坠先远可虞。慽慽坐终宵，抚膺气郁纡。所乏渊明达，进酒以自舒。（《应蟾堕学有作》）

图6.10　沈周《寿陆母八十山水图》
1482年　纸本设色
纵189.5厘米，横54.7厘米
天津博物馆藏

图6.11　沈周《东庄图》册之《西溪》
明　纸本设色
纵28.6厘米，横33厘米
南京博物院藏

沈应蟾别有所好，屡次逃学，最终辍学不再读书，放弃了科举之途。沈周知道后非常生气，直呼其“愚蠢堕落”，并反思是自己品德浅薄，没有教育好子侄，有违先人之遗训。（图6.12）再如成化十五年（1479）沈周经过祖墓，追忆先祖与亡弟：“诗书先业在，世远我偏忧。”虽然以绘事声望日隆，但沈周还是希望子女能继承家族的诗书传统。在其教育下，沈云鸿曾出任昆山阴阳训术——教授天文与术数的学官。虽然没有品级甚至没有俸禄，但毕竟打破了隐居不仕的家族传统。沈周季子沈复、孙沈履后皆为郡学生，可惜一直功名不彰。沈周曾在诗中批评“小孙蠢不学，次儿诞而痴”（《理诗草》），想必也一直在为子孙读书不成所忧虑。

尽管沈周胸襟豁达，但过多的忧国忧家，使得其须发早白，“况经忧患气血耗，未老已自先白髭”（《为堂弟檩题画》）、“风风雨雨未开晴，忧病忧田白发生”（《风雨中戏三郎园樱尽落》），甚至鬓发也早早脱落，“丧亡火盗岁相兼，鬓发髡然瘦骨尖”（《写怀一首寄张碧溪》），以至于洗面时惊讶于自

图6.12　沈周《写意》册之《乔木乌慈》　明　纸本水墨
纵30.4厘米，横53.2厘米　台北故宫博物院藏

己的衰老与消瘦："病与忧相并，如何老不成……瘦何消览镜，洗面手还惊。"（《病中夜怀》）沈周非常关心自己的身体健康，新增白发也会担忧，牙齿脱落更是焦虑，对身体的衰老变化极为敏感，并将其逐一记录在诗中。

以"白发"为例，沈周三十五岁始有白发，"七十方过半，余年未可期。不堪青镜里，已有白头悲"（《白发》），五年后"四十发早白，缕缕俱如银"（《白发叹》），"无闻四十客，白发半盈头"（《雨中即兴》）。不惑之年后的沈周，已有对来日无多的忧虑，"四十有二，齿发向疏。感往者之多矣，知来者之几欤"（《自题小像》），"自愧无闻四十二，镜中殊觉鬓沧浪"（《书扇三绝寿继南》）。次年还想象自己须黑颜红的青年模样，对镜感叹衰老来得太早："朝朝窗下拂青铜，照我须颜黑更红。照来四十有三载，不觉今年成老翁。老翁还语青铜道，尔莫有灵令我老。面皮半褶须半白，老岂不来来太早。"（《览镜辞》）四十五岁已是两鬓半白，"行年四十五，两鬓半苍苍"（《葺竹居》）。五十五岁时白发开始掉落，"百岁今过五十五，数茎白发尚胜簪"（《初度二首》），"霜毛随叶落，搔首忽心惊"（《立秋夜坐》）。五十六岁除夕感慨"劳生苦与头相感，白发平看九分多"（《除夕再题》）。未到耳顺之年，沈周几乎满头白发了。

沈周对白发的密集描写，甚至是以纪年的形式编缀出白发的变化情况，表现出对自己身体状况的极度关心与担忧。对白发的描写，前人诗中亦是常见，沈周之诗歌虽无新颖之处，但诗作数量却是惊人，如其诗中与"白发""白头"相关的意象就有近三百首。如此密集的身体描写与详细记录，也是沈周忧虑自身衰老之体现[①]。

---

① 参见拙文《沈周诗歌中的生命意识》，《牡丹江大学学报》2013年第9期，第3—5页。

何以解忧

作为传统的文人，“以酒消愁”似乎是最好的选择，无论是曹操的“何以解忧，唯有杜康”，还是李白的“呼儿将出换美酒，与尔同销万古愁”，都成为了千古佳句。沈周诗中也有如“门前杨花如水流，入来愁人风满楼。将进酒，开君愁”（《将进酒》）、“有酒且消愁，无酒还休。百年人月两悠悠”（《浪淘沙·八月十三夜玩月》）之类，但仅仅是文学传统的延续而已。

沈周不擅饮酒。据文徵明记载，先生“事其父同斋，无所不至。同斋高朗喜客，饮酒必醉，先生不能饮，每为强醉以乐客。同斋没，乃绝”（《沈先生行状》）。父亲沈恒喜欢饮酒，而沈周天性至孝，虽不能饮，但宴必陪，陪必醉，以尽宾主之欢。（图6.13）父亲去世之后，便再未如此。沈周又患肺病，所以不能多饮，如友人钱允言招饮，沈周以“迩路不良进，肺病剧以滋”（《客中辞钱允言招酌》）拒之；成化十四年（1478）夜宿吴宽家中，说“我时肺病久绝饮”（《雨夜止宿吴匏庵宅》）；成化十九年（1483）过表弟张允诚家，又云“时因肺病不惬饮”（《过张允诚表弟宅醉题》）。遇到良辰佳节、友人欢聚，沈周也会乘兴浅酌几杯，“浅酌未忘非好酒，老怀聊乐为乘时”（《端午小酌》），可见沈周并非嗜酒之人。沈周修谨的性格与多病的身体，显然不会有“会须一饮三百杯”、“豪饮千场不忤人”（陆游《记梦》）的豪放，更无缘以酒消愁了。

沈周更多是以绘事消忧解愁。“啼饥儿女正连村，况有催租吏打门。一夜老夫眠不得，起来寻纸画桃源”（《桃源图》）。作为一介布衣，对民生疾苦无能为力，只能绘《桃源图》以寄托对美好世界的向往，也是消遣忧患的无奈之举。沈周一生创作过多幅《桃源图》，颇有“寻得桃源好避秦”（谢枋得《庆全庵桃花》）之意，惜均已不传。（图 6.14）

某年春节阴雨连绵，正月初七突然放晴，友人来聚，沈周绘溪山以赠：“于兹良友会，为图寓天真。不知老之迈，聊以乐我云。”（《人日喜晴写溪屿初春赠友》）对时光飞逝、老之将至的生命焦灼感，也在绘画的过程中得以冲淡。对远方友人的思念，沈周亦绘山水以消忧：“梦空人远相忆在，因写江山消我忧。”（《题画寄杨提学应宁》）作为“吴门画派”的创始人、“明四家”之首的沈周一生绘画无数，所谓“贩夫牧竖持纸来索，不见难色”，绘画不仅是其谋生的重要手段，也是其消忧解闷的生活方式。（图 6.15）

绘事之外，沈周还会以诗词来舒缓忧虑：

> 潢潦泛广野，幽居杂鱼鸟。大块独何心，不能佚吾老。忧懑□短发，一夜变秋草。草秋还复春，短发但长皓。乐事固难常，百岁亦莫保。赖此五字吟，悠然畅孤抱。（《杂言》）

面对百姓遭受的洪涝灾荒、个人境遇中的苍颜白发，沈周依靠“五字吟”来平缓内心的担忧与焦虑。沈周晚年自云：“余跻于老境，涉忧历患，日弗能堪。乃为辞歌以自慰，命为《自慰辞》。复绘清逸之图，书之揭壁间，对之则悠然之怀顿然而生，不自知其溺世虑中也。”一生忧患之多，甚至到了“日

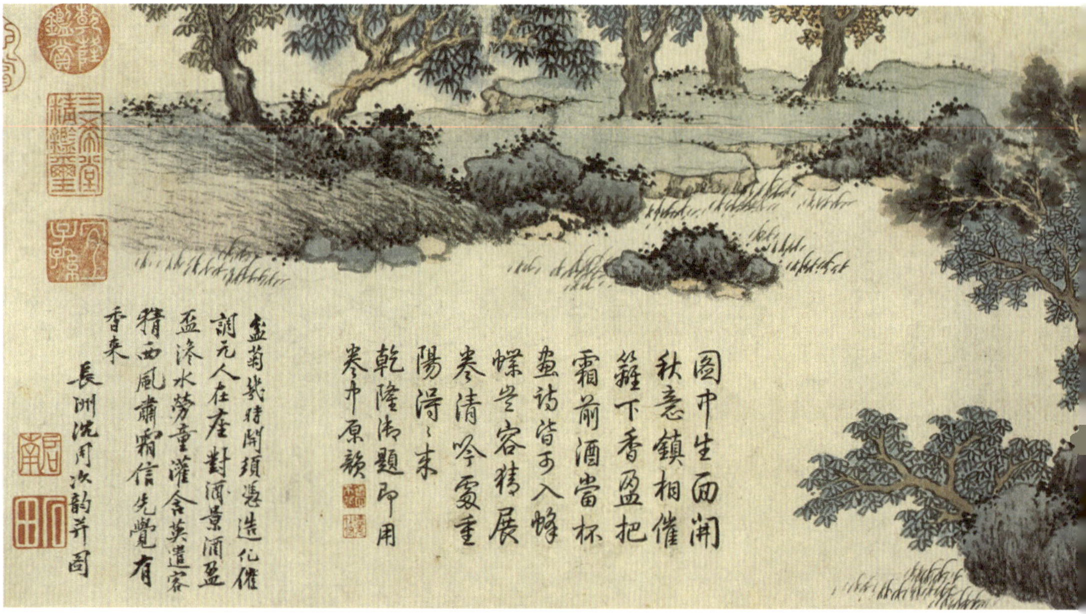

图6.13　沈周《盆菊幽赏图》　明　纸本设色　纵23.4厘米，横86厘米　辽宁省博物馆藏

图6.14　沈周《扁舟诗思图》　明　纸本设色
纵124厘米，横62.9厘米　台北故宫博物院藏

弗能堪”的地步。其解忧之法，同样是以诗词与书画自我宽慰，暂时忘却世间的烦恼与俗念。沈周早年即有诗名，现存诗集中有诗歌二千五百余首，可见其高产。更为难得的是沈周的诗画互发：“石田寄意林壑，博涉古今图籍，以毫素自名，笔势横绝，敻出蹊径，片楮匹练，流传遍天下。情兴所到，或形为歌诗，题诸卷端，互以相发。”（李东阳《书沈石田诗稿后》）以诗入画，以图绘诗，情兴所到，挥洒淋漓。沈周一生历尽艰辛，正是靠着持续不断的诗画创作热情，得以排遣消解，也成就了其画家与诗人的双重身份。

沈周一生忧患叠加而能高寿，也与其乐观豁达的心态有关。面对家族生活的艰难，沈周没有怨天尤人，而是选择贫中作乐。如与伯父沈贞唱和时云：“如此风光贫亦乐，不嫌幽僻少人烟”（《奉和陶庵世父留题有竹别业韵》），为表兄金怀用祝寿则说：“家贫能自乐，身健即如仙。”（《十月八日寿怀用兄六十》）为堂弟沈璞赋诗曰：“从人自说渠自好，力田养亲殊有道。强于远宦窃斗升，手种长腰使亲饱。力田养亲乐已多，兄弟妻子如予何。”（《湾东草堂为堂弟璞赋》）“力田养亲”就已知足，贫家生活自有其乐趣，远比出游仕宦好得多。“固贫方是乐，不厌破茅庐”（《寄周宗道》）、“地静贫犹乐，累轻心不忙”（《过友人别业》）等劝慰友人之谈，也可视为沈周夫子自道。五十岁生日时言：“一室贫犹乐，能安二老亲。”（《冬至生旦》）六十四岁生日又曰：“乐生自有贫中富，饱坐茅檐戏五禽。”（《六十四岁初度》）“贫犹乐”在沈周诗中多次出现，这就是其面对家族困境时的乐观与豁达。

沈周对衰老的焦虑与担忧，最终以勘破红尘而宽心，以淡然死生而释怀。友人送了一副寿棺，沈周作诗答谢“何愁白发不相放，生死已譬昼夜循”（《谢宋承奉惠寿木》），甚至生前已经修葺好了自己的坟墓：“观生如寄谁非客，信死为归此是家。”（《理圹》）当发现白发日渐脱落后，沈周反而豁达起来：

青草年年多，白发日日少。青草催白发，似恐人不老。发落白有尽，

图6.15　沈周《西山雨观图》　1488年　纸本水墨　纵25.1厘米，横106厘米　故宫博物院藏

图6.16　佚名《明人画沈周半身像》
明　绢本设色
纵71厘米，横52.5厘米
故宫博物院藏

草生青不了。我是乐天人，梳头对青草。（《青草吟》）

以乐天知命的心态去面对衰老的事实，便不会再有顾虑。“身后算应忧未了，且来拂壁画丹丘”（《睡起》），面对无尽的忧虑，在墙壁上描绘神仙所居住的丹丘——也就是逃避死亡的另一种桃花源吧。沈周看开了生死，用如此旷达的心态，以画与诗消解忧愁，走完了自己看似平静又饱经忧患的一生，享年八十三岁。（图 6.16）

附录一　沈周传记

沈先生行状

文徵明

高祖懋卿。

曾祖良琛。

祖孟渊。

父恒吉，母张氏。

本贯苏州府长洲县相城里，沈周年八十有三状。

先生讳周，字启南，姓沈氏，别号石田，人称石田先生。世居长洲之相城里。自孟渊先生以儒硕肇家，生二子，曰贞吉、曰恒吉。才美雅饬，并有声称。恒吉号同斋，生三子，先生嫡长也。生而娟秀玉立，聪朗绝人。少学于陈孟贤先生，孟贤，故检讨嗣初先生子也。诸陈皆以文学高自标致，不轻许可人，而先生所作，辄出其上，孟贤遂逊去。年十五，贷其父为赋长，听宣南京。时地官侍郎崔公，雅尚文学；先生为百韵诗上之。崔得诗惊异，疑非己出，面试《凤凰台歌》。先生援笔立就，词采烂发。崔乃大加激赏，曰："王子安才也。"即日檄下有司，蠲其役。

先生既长，益务学。自群经而下，若诸史、子、集，若释老，若稗官小说，莫不贯总淹浃，其所得悉以资于诗。其诗初学唐人，雅意白傅，既而师眉山为长句，已又为放翁近律，所拟莫不合作。然其缘情随物，因物赋形，开阖变化，纵横百出，初不拘拘乎一体之长。稍辍其余，以游绘事，亦皆妙诣，追踪古人。所至宾客墙进，先生对客挥洒不休。所作多自题其上，顷刻数百言，莫不妙丽可诵。下至舆皂贱夫，有求辄应。长缣断素，流布充斥。内自京师，远而闽、浙、川、广，莫不知有沈周先生也。

先是景泰间，郡守汪公浒，欲以贤良举之，以书敦遣。先生筮《易》得《遁》之九五，曰“嘉遁贞吉”，喜曰：“吾其遁哉！”卒辞不应。然一时监司以下，皆接以殊礼，尤为太保三原王公所知。公按吴，必求与语，语连日夜不休。一日论谏，先生曰：“封章伏谏，非鄙野人所知。然窃闻之：礼，上讽谏而下直谏，岂亦贵沃君心，而忌触讳耶？”公遽曰：“当今之时，将为直谏乎？抑亦讽乎？”先生曰：“今主圣臣贤，如明公又遭时倚赖，讽谏直谏，盖无施不可。”公徐出一章示之曰：“此吾所以事君者，试阅之。”先生读毕曰：“指事切而不泛，演言婉而不激，于讽谏、直谏，两得其义矣。”公以为知言。同时文学之士，为上官所礼者，往往陈说时弊。先生不然，曰：“彼以南面临我，我北面事之，安能尽其情哉？君子思不出其位，吾尽吾事而已。”然先生每闻时政得失，辄忧喜形于色。人以是知先生非终于忘世者。

先生去所居里余为别业，曰有竹居，耕读其间。佳时胜日，必具酒肴，合近局，从容谈笑。出所蓄古图书器物，相与抚玩品题以为乐。晚岁名益盛，客至亦益多，户屦常满。先生既老，而聪明不衰，酬对终日，不少厌怠。风流文物，照映一时。百年来东南文物之盛，盖莫有过之者。

先生为人，修谨谦下，虽内蕴精明，而不少外暴。与人处，曾无乖忤，而中实介辨不可犯。然喜奖掖后进，寸才片善，苟有以当其意，必为延誉于人，不藏也。尤不忍人疾苦，缓急有求，无不应者。里党戚属，咸仰成焉。平居事其父同斋，无所不至。同斋高朗喜客，饮酒必醉。先生不能饮，每为强醉以乐客。同斋没，乃绝。母张夫人年几百龄，卒时先生八十年矣，犹孺慕不已。弟召病瘵，不内处，先生与俱卧起者岁余。及卒，抚其孤如子。庶弟豳，稚未练事，为植产，使均于己。一妹早寡，养之终其身。其天性孝友如此。

先生娶于陈，生子云鸿，文学称家。尝为昆山县阴阳训术。侧出子复，郡学生。女三：长适昆山县学生许贞，次适徐襄，又次适太学生吴江史永龄。孙男一人，履；女二人。曾孙男一人，女二人。

先生所著诗文曰《石田稿》，总若干卷。他杂著曰《石田文抄》《石田咏史补忘录》《客座新闻》《续千金方》，总若干卷。

正德四年己巳，先生年八十有三，八月二日以疾卒于正寝。于是云鸿先卒数年矣。复乃相其孙履治丧，以七年壬申十二月廿日葬先生于所居之东某乡某原。属将求铭当世有道，以信于后，俾某有述。某辱再世之游，耳受目瞩，知先生为详，遂不克让，用论次如右。谨状。

（《莆田集》卷二十五）

石田先生墓志铭

王　鏊

有吴隐君子，沈姓，讳周，启南字，而世称之唯曰“石田先生”。先生世家长洲之相城里。曾大父良琛，始辟田以大其家。大父孟渊，考恒吉，皆不仕，而以文雅称。

先生风骼洁修，眉目娟秀，外标朗润，内蕴精明。书过目即能默识，凡经传子史百家、山经地志、医方卜筮、稗官传奇，下至浮屠、老子，亦皆涉其要，掇其英华。发为诗，雄深辨博，开阖变化，神怪叠出，读者倾耳骇目。其体裁初规白傅，忽变眉山，或兼放翁，而先生所得，要自有不凡近者。书法涪翁，遒劲奇倔。间作绘事，峰峦、烟云、波涛、花卉、鸟兽、虫鱼，莫不各极其态。或草草点缀，而意已足成，辄自题其上，时称“二绝”。一时名人皆折节内交，自部使者、郡县大夫，皆见宾礼。搢绅东西行过吴，及后学好事者，日造其庐而请焉。

相城居长洲之东偏，其别业名“有竹居”。每黎明，门未辟，舟已塞乎其港矣。先生固喜客，至则相与谯笑咏歌，出古图书器物，摸抚品题，酬对终日不厌。间以事入城，必择地之僻隩者潜焉。好事者已物色之，比至，则屦满乎其户外矣。先生高致绝人，而和易近物。贩夫牧竖持纸来索，不见难色。或为赝作求题以售，亦乐然应之。数年来，近自京师，远至闽、浙、川、广，无不购求其迹，以为珍玩。风流文翰，照映一时，其亦盛矣。先生自景泰间已有重名。汪郡守浒，欲举应贤良，不果。王端毅公巡抚南畿，尤重之，延问得失，而先生终不及时政，曰：“吾野人也，于时事何知焉？”然每闻时政得失，则忧喜形于颜面，人以是知先生非忘世者。

初，先生事亲，色养无违。母张夫人以高寿终，先生已八十，而孺慕毁瘠，杖而后兴。弟病瘵，终年与同卧起。馆嫠妹、抚孤侄，皆有恩义。尤喜奖掖后进，有当其意者，为延誉不已。先生娶于陈，生子曰云鸿，官昆山县阴阳训术，早卒。庶子复，孙履，皆郡学生。

先生以正德四年八月二日卒，寿八十有三。复相履治丧，以壬申十二月二十一日，葬相城西牒字圩之原。所著有《石田稿》《石田文抄》《石田咏史补忘》《客坐新闻》《沈氏交游录》若干卷，独其诗已大行于时。文徵明曰：“石田之名，世莫不知。知之深者，谁乎？宜莫如吴文定公及公。阐其潜而掩诸幽，则唯公在。”予诺焉。铭曰：

或隆之位，而悭其受。或夺之秩，而侈其有。较是二者，吾其奚取？嗟嗟石翁，掇众遗弃。发为浑锽，震惊一世。彼荣而庸，磨灭皆是。相城之墟，湖水沄沄。於戏邈矣，我怀其人。

（《震泽先生集》卷二十九）

明史本传

沈周，字启南，长洲人。祖澄，永乐间举人材，不就。所居曰西庄，日置酒款宾，人拟之顾仲瑛。伯父贞吉，父恒吉，并抗隐。构有竹居，兄弟读书其中，工诗善画，臧获亦解文墨。邑人陈孟贤者，陈五经继之子也。周少从之游，得其指授。年十一，游南都，作百韵诗，上巡抚侍郎崔恭。面试《凤凰台赋》，援笔立就，恭大嗟异。及长，书无所不览。文摹左氏，诗拟白居易、苏轼、陆游，字仿黄庭坚，并为世所爱重。尤工于画，评者谓为明世第一。

郡守欲荐周贤良，周筮《易》，得《遁》之九五，遂决意隐遁。所居有水竹亭馆之胜，图书鼎彝，充牣错列，四方名士过从无虚日，风流文彩，照映一时。奉亲至孝。父殁，或劝之仕，对曰："若不知母氏以我为命耶？奈何离膝下。"居恒厌入城市，于郭外置行窝，有事一造之。晚年，匿迹惟恐不深，先后巡抚王恕、彭礼咸礼敬之，欲留幕下，并以母老辞。

有郡守征画工绘屋壁。里人疾周者，入其姓名，遂被摄。或劝周谒贵游以免，周曰："往役，义也，谒贵游，不更辱乎？"卒供役而还。已而守入觐，铨曹问曰："沈先生无恙乎？"守不知所对，漫应曰："无恙。"见内阁，李东阳曰："沈先生有牍乎？"守益愕，复漫应曰："有而未至。"守出，仓皇谒侍郎吴宽，问："沈先生何人？"宽备言其状。询左右，乃画壁生也。比还，谒周舍，再拜引咎，索饭，饭之而去。周以母故，终身不远游。母年九十九而终，周亦八十矣。又三年，以正德四年卒。

（《明史》卷二百九十八列传第一百八十六隐逸）

附录二　沈周年表

1427 年　宣德二年丁未　1 岁

十一月二十一日，生于南直隶苏州府长洲县相城里（今江苏省苏州市相城区）。

1432 年　宣德七年壬子　6 岁

弟沈召生。

1433 年　宣德八年癸丑　7 岁

从陈宽学诗文。

1438 年　正统三年戊午　12 岁

父沈恒任粮长，随父往来城乡，识县丞邵昕。

1440 年　正统五年庚申　14 岁

随父沈恒入苏州府，宿于西禅寺，识僧明公。

1442 年　正统七年壬戌　16 岁

伯父沈贞约于此年教沈周绘画。

1443 年　正统八年癸亥　17 岁

周本执教沈氏塾。

1444 年　正统九年甲子　18 岁

妻陈慧庄来归。

1445 年　正统十年乙丑　19 岁

游常熟沙溪，馆岳丈陈氏家。与俞景明交。

1450 年　景泰元年庚午　24 岁

长子沈云鸿生。

1453年　景泰四年癸酉　27岁

祖、父辈友人刘溥卒，有诗纪之。

周本辞去沈氏私塾。

1454年　景泰五年甲戌　28岁

苏州知府汪浒欲举其应贤良，以书敦遣。辞不应。

1455年　景泰六年乙亥　29岁

充粮长之职，逢岁饥，累偿缺额。

1457年　天顺元年丁丑　31岁

徐有贞流放金齿，赋七律送之。

1461年　天顺五年辛巳　35岁

得释徭役，作《息役即兴》四首。

1463年　天顺七年癸未　37岁

祖父沈澄卒，享年八十八岁。

1465年　成化元年乙酉　39岁

与史鉴订交。

都穆约于此际相从学诗。

1466年　成化二年丙戌　40岁

与文林订交。

与杜琼、刘珏同作诗画为徐有贞贺寿。

1467年　成化三年丁亥　41岁

作《庐山高》图，为师陈宽祝寿。其绘作向率盈尺小景，至此间拓为大幅，粗株大叶，草草而成，天真烂发。

1469年　成化五年己丑　43岁

与刘珏、祝颢等集于魏昌庭园，作《魏园雅集图》记之。

1471 年　成化七年辛卯　45 岁

与史鉴、刘珏、沈召赴杭州。

1472 年　成化八年壬辰　46 岁

刘珏、沈召先后病故，作诗哭之。

1479 年　成化十五年己亥　53 岁

吴宽服阕返京，赠以山水长卷。

王恕巡抚苏淞，数相召。

1480 年　成化十六年庚子　54 岁

仲妹沈庄卒。

与史鉴同被征聘，二人未应。

1484 年　成化二十年甲辰　58 岁

往虞山致道观观七星桧，画梁桧并作诗记之。

与史鉴、汝泰游杭州。

《石田稿》付梓，童轩为之序。

1485 年　成化二十一年乙巳　59 岁

作《湖山佳趣图》，忆去岁杭州之游。

1486 年　成化二十二年丙午　60 岁

王理之为沈周作《六十小像》，有诗纪之。

妻陈慧庄卒，哀痛无比，作诗悼之。

1488 年　弘治元年戊申　62 岁

跋黄公望《富春山居图》。

1489 年　弘治二年己酉　63 岁

孙履生，赋诗述欣喜之情。

1492 年　弘治五年壬子　66 岁

作《夜坐图》并记。

1494年　弘治七年甲寅　68岁

作《写生》册，以生活中常见动植物入画。

1496年　弘治九年丙辰　70岁

史鉴卒，赴吴江吊哭。

1497年　弘治十年丁巳　71岁

吴宽赴京，绘《京口送别图》以赠。

1499年　弘治十二年己未　73岁

赴宜兴游张公洞，有图及诗纪此行。

文林、程敏政卒，赋诗悼之。

1500年　弘治十三年庚申　74岁

吴宽应沈云鸿之请，为《石田稿》作序。

1502年　弘治十五年壬戌　76岁

彭礼巡行至苏州，召见与晤。

八月十七日，长子沈云鸿卒，享年五十三岁。

1503年　弘治十六年癸亥　77岁

弟子黄淮编《石田稿》三卷成，梓行之。

1504年　弘治十七年甲子　78岁

作《落花诗》十首，文徵明、徐祯卿、吕㦂和之，沈周又反和之。

华珵编《石田诗选》十卷，张铁作跋。

1506年　正德元年丙寅　80岁

手订《石田稿》付梓，李东阳为之作跋。

1507年　正德二年丁卯　81岁

与文徵明晤，为其次子取名曰嘉。

1509年　正德四年己巳　83岁

与吴纶游宜兴善权洞，归而卧病。

八月二日，卒于正寝。

附录三　图版目录

观

厘米　台北故宫博物院藏

· 图 1.11　沈周《卧游》册之《白菜》　明　纸本设色　纵 27.8 厘米，横 37.3 厘米　故宫博物院藏

· 图 1.12　沈周《辛夷墨菜图》　明　纸本设色　每段纵 34.9 厘米，横 58.8 厘米　故宫博物院藏

· 图 1.13　沈周《一坞杨梅图》　1502 年　纸本水墨　纵 129.5 厘米，横 48.5 厘米　安徽博物院藏

· 图 1.14　鲁宗贵《吉祥多子图》　南宋　绢本设色　纵 24 厘米，横 25.8 厘米　美国波士顿艺术博物馆藏

· 图 1.15　沈周《写意》册之《柿子》　明　纸本水墨　纵 30.4 厘米，横 53.2 厘米　台北故宫博物院藏

· 图 1.16　沈周《卧游》册之《枇杷》　明　纸本设色　纵 27.8 厘米，横 37.3 厘米　故宫博物院藏

· 图 1.17　沈周《东庄图》册之《果林》　明　纸本设色　纵 28.6 厘米，横 33 厘米　南京博物院藏

· 图 1.18　沈周《写生》册之《贝》　1494 年　纸本水墨　纵 34.6 厘米，横 57.2 厘米　台北故宫博物院藏

· 图 1.19　沈周《杏林飞燕图》　明　纸本水墨　纵 15 厘米，横 44.2 厘米　台北故宫博物院藏

· 图 1.20　沈周《鸠声唤雨图》　明　纸本设色　纵 51.1 厘米，横 30.4 厘米　台北故宫博物院藏

· 图 1.21　沈周《写意》册之《杏花鸠鸟》　明　纸本水墨　纵 30.4 厘米，横 53.2 厘米　台北故宫博物院藏

· 图 1.22　沈周《写生》册之《白鸽》　1494 年　纸本设色　纵 34.6 厘米，横 57.2 厘米　台北故宫博物院藏

· 图 1.23　沈周《写生》册之《鸭子》　1494 年　纸本水墨　纵 34.6 厘米，横 57.2 厘米　台北故宫博物院藏

- 图 1.24　陈琳《溪凫图》　元　纸本设色　纵 35.7 厘米，横 47.5 厘米　台北故宫博物院藏
- 图 1.25　沈周《写生》册之《猫》　1494 年　纸本水墨　纵 34.6 厘米，横 57.2 厘米　台北故宫博物院藏
- 图 1.26　沈周《写生》册之《驴》　1494 年　纸本水墨　纵 34.6 厘米，横 57.2 厘米　台北故宫博物院藏
- 图 1.27　沈周《卧游》册之《平坡散牧》　明　纸本设色　纵 27.8 厘米，横 37.3 厘米　故宫博物院藏
- 图 1.28　沈周《写生》册题跋　1494 年　纸本　纵 34.6 厘米，横 57.2 厘米　台北故宫博物院藏

居

- 图 2.1　沈贞《菖蒲》　明　纸本水墨　纵 60.3 厘米，横 24.7 厘米　台北故宫博物院藏
- 图 2.2　沈周《卧游》册之《芙蓉》　明　纸本设色　纵 27.8 厘米，横 37.3 厘米　故宫博物院藏
- 图 2.3　沈周《卧游》册之《黄葵》　明　纸本设色　纵 27.8 厘米，横 37.3 厘米　故宫博物院藏
- 图 2.4　刘珏《清白轩图》　1458 年　纸本水墨　纵 97.2 厘米，横 35.4 厘米　台北故宫博物院藏
- 图 2.5　杜琼《南湖草堂图》　1468 年　纸本水墨　纵 119.8 厘米，横 55.5 厘米　台北故宫博物院藏
- 图 2.6　谢缙《东原草堂图》　1418 年　纸本设色　纵 108.2 厘米，横 50 厘米　浙江省博物馆藏
- 图 2.7　沈周《庐山高》　1467 年　纸本设色　纵 193.8 厘米，横 98.1 厘米

台北故宫博物院藏

- 图 2.8　沈周《秋轩晤旧图》　1484 年　纸本设色　纵 157.3 厘米，横 33.6 厘米　上海博物馆藏
- 图 2.9　沈周《桃花书屋图》　1470 年　纸本设色　纵 76.3 厘米，横 32.8 厘米　中国国家博物馆藏
- 图 2.10　沈周《有竹邻居图》　明　纸本设色　纵 28.2 厘米，横 210 厘米　上海博物馆藏
- 图 2.11　沈周《夜坐图》　1492 年　纸本设色　纵 84.8 厘米，横 21.8 厘米　台北故宫博物院藏
- 图 2.12　沈周《卧游》册之《秋柳鸣蝉》　明　纸本水墨　纵 27.8 厘米，横 37.3 厘米　故宫博物院藏
- 图 2.13　刘珏《烟水微茫图》　1466 年　纸本水墨　纵 139.4 厘米，横 44 厘米　苏州博物馆藏
- 图 2.14　林逋《林逋手札二帖》　宋　纸本　纵 42.3 厘米，横 60.6 厘米　台北故宫博物院藏
- 图 2.15　《林逋手札二帖》沈周题跋
- 图 2.16　《林逋手札二帖》陈颀题跋
- 图 2.17　《林逋手札二帖》吴宽题跋
- 图 2.18　沈周《落花图》（局部）　明　纸本设色　纵 30.7 厘米，横 138.6 厘米　台北故宫博物院藏
- 图 2.19　沈周《秋林读书图》　1491 年　纸本水墨　纵 154.3 厘米，横 31 厘米　台北故宫博物院藏
- 图 2.20　沈周《折枝海棠图》　1500 年　纸本水墨　纵 87.5 厘米，横 28.6 厘米　美国克利夫兰艺术博物馆藏
- 图 2.21　沈周《画雪景图》　明　绢本水墨　纵 207.7 厘米，横 103 厘米　台北故宫博物馆藏

· 图 2.22 沈周《挂兰图》 1489 年 纸本设色 纵 15.7 厘米，横 42.7 厘米 上海博物馆藏

· 图 2.23 沈周《花鸟图》册之《蜀葵》 明 纸本设色 纵 30.3 厘米，横 52.4 厘米 苏州博物馆藏

游

· 图 3.1 沈周《千人石夜游图》 1493 年 纸本设色 纵 30.1 厘米，横 157.1 厘米 辽宁省博物馆藏

· 图 3.2 沈周《虎丘恋别图》 1494 年 纸本水墨 纵 70 厘米，横 27.2 厘米 无锡博物馆藏

· 图 3.3 沈周《虎丘十二景图》册之《千人石》 明 纸本水墨 纵 31.1 厘米，横 40.2 厘米 美国克利夫兰艺术博物馆藏

· 图 3.4 沈周《草庵图》 1497 年 纸本设色 纵 29.5 厘米，横 155 厘米 上海博物馆藏

· 图 3.5 乾隆年间姑苏城图中草庵所在位置示意

· 图 3.6 苏州城以西诸山位置示意

· 图 3.7 沈周（款）《支硎遇友图》 明 纸本设色 纵 26.5 厘米，横 131.1 厘米 美国弗利尔美术馆藏

· 图 3.8 沈周《西山纪游图》 1487 年 纸本水墨 纵 30 厘米，横 125.5 厘米 上海博物馆藏

· 图 3.9 沈周《湖山佳趣图》 1485 年 纸本设色 纵 31.7 厘米，横 813 厘米 浙江省博物馆藏

· 图 3.10 黄公望《富春山居图》 元 纸本水墨 纵 33 厘米，横 636.9 厘米 台北故宫博物院藏

· 图 3.11 沈周《仿黄公望富春山居图》 1487 年 纸本设色 纵 36.8 厘米，横 855 厘米 故宫博物院藏

- 图 3.12　沈周《卧游》册题跋　明　纸本　纵 27.8 厘米，横 37.3 厘米　故宫博物院藏
- 图 3.13　沈周《卧游》册之《江山坐话》　明　纸本设色　纵 27.8 厘米，横 37.3 厘米　故宫博物院藏
- 图 3.14　沈周《卧游》册之《秋山读书》　明　纸本设色　纵 27.8 厘米，横 37.3 厘米　故宫博物院藏

友

- 图 4.1　沈周《苍崖高话图》　明　绢本水墨　纵 149.9 厘米，横 77 厘米　台北故宫博物院藏
- 图 4.2　文徵明《茶事图》（局部）　1534 年　纸本水墨　纵 122.9 厘米，横 35 厘米　台北故宫博物院藏
- 图 4.3　沈周《九月桃花图》　明　纸本设色　纵 103.2 厘米，横 31.7 厘米　上海博物馆藏
- 图 4.4　刘珏《夏云欲雨图》　明　绢本水墨　纵 165.7 厘米，横 95 厘米　故宫博物院藏
- 图 4.5　沈周《崇山修竹图》　明　纸本水墨　纵 112.5 厘米，横 27.4 厘米　台北故宫博物院藏
- 图 4.6　杜琼《友松图》　明　纸本设色　纵 29 厘米，横 92.5 厘米　故宫博物院藏
- 图 4.7　沈周《溪山秋色图》　1484 年　纸本水墨　纵 152 厘米，横 51 厘米　南京博物院藏
- 图 4.8　谢缙《云阳早行图》　1417 年　纸本水墨　纵 102.1 厘米，横 47.5 厘米　上海博物馆藏
- 图 4.9　沈周《魏园雅集图》　1469 年　纸本设色　纵 145.5 厘米，横 47.5 厘米　辽宁省博物馆藏

- 图 4.10　沈周《溪桥访友图》　明　纸本水墨　纵 130.6 厘米，横 47.5 厘米　台北故宫博物院藏
- 图 4.11　文徵明《千林曳杖图》　1537 年　纸本水墨　纵 35.2 厘米，横 25.5 厘米　故宫博物院藏
- 图 4.12　孙艾《木棉图》　明　纸本设色　纵 74.5 厘米，横 31.5 厘米　故宫博物院藏
- 图 4.13　沈周《东庄图》册之《续古堂》　明　纸本设色　纵 28.6 厘米，横 33 厘米　南京博物院藏
- 图 4.14　沈周《虎丘送客图》　1480 年　纸本设色　纵 173.1 厘米，横 64.2 厘米　天津博物馆藏
- 图 4.15　沈周《京江送别图》　1491 年　纸本设色　纵 28 厘米，横 159.2 厘米　故宫博物院藏
- 图 4.16　沈周《松石图》　1480 年　纸本水墨　纵 156.3 厘米，横 72.7 厘米　故宫博物院藏
- 图 4.17　《林逋手札二帖》李东阳题跋
- 图 4.18　《林逋手札二帖》程敏政题跋
- 图 4.19　沈周《邃庵图》（局部）　1500 年　绫本设色　纵 48.8 厘米，横 164.1 厘米　故宫博物院藏
- 图 4.20　沈周《芝兰玉树图》　明　纸本设色　纵 135.1 厘米，横 55.8 厘米　台北故宫博物院藏
- 图 4.21　沈周手札　明　第一开纵 22 厘米，横 15.1 厘米　第二开纵 22 厘米，横 13.3 厘米　上海博物馆藏
- 图 4.22　沈周《沧洲趣图》　明　纸本设色　纵 30.1 厘米，横 400.2 厘米　故宫博物院藏

隐

· 图 5.13　沈周《杏林书馆图》　明　纸本设色　纵 75.8 厘米，横 31.1 厘米　台北故宫博物院藏

· 图 5.14　沈周《卧游》册之《仿米云山》　明　纸本设色　纵 27.8 厘米，横 37.3 厘米　故宫博物院藏

· 图 5.15　沈周《卧游》册之《秋江钓艇》　明　纸本设色　纵 27.8 厘米，横 37.3 厘米　故宫博物院藏

· 图 5.16　唐寅《王鏊出山图》　明　纸本水墨　纵 20 厘米，横 73.5 厘米　故宫博物院藏

· 图 5.17　唐寅《桐荫清梦图》　明　纸本水墨　纵 62 厘米，横 30.9 厘米　故宫博物院藏

· 图 5.18　沈周《烟江叠嶂图》　明　纸本水墨　纵 49.8 厘米，横 280 厘米　辽宁省博物馆藏

· 图 5.19　沈周《仿倪瓒山水图》　1479 年　纸本水墨　纵 120.5 厘米，横 29.1 厘米　故宫博物院藏

· 图 5.20　沈周《雨意图》　1487 年　纸本水墨　纵 67.7 厘米，横 30.6 厘米　台北故宫博物院藏

忧

· 图 6.1　沈周《东庄图》册之《耕息轩》　明　纸本设色　纵 28.6 厘米，横 33 厘米　南京博物院藏

· 图 6.2　周臣《流民图》（局部）　1516 年　纸本设色　纵 31.9 厘米，横 244.5 厘米　美国克利夫兰艺术博物馆藏

· 图 6.3　沈周《蚕桑图》　明　纸本水墨　纵 16.8 厘米，横 49.2 厘米　故宫博物院藏

· 图 6.4　周臣《夏畦时泽图》　明　纸本设色　纵 26.4 厘米，横 31.3 厘米

故宫博物院藏

· 图 6.5 沈周《空林积雨图》 1475 年 纸本水墨 纵 21.7 厘米，横 29.2 厘米 故宫博物院藏

· 图 6.6 明代邸报 《急选报》 明万历年间刻 中国国家图书馆藏

· 图 6.7 沈周《九段锦》册之《田家耕作》 明 纸本设色 纵 17.8 厘米，横 34.3 厘米 日本京都国立博物馆藏

· 图 6.8 唐寅《江南农事图》 明 纸本设色 纵 74.4 厘米，横 28.1 厘米 台北故宫博物院藏

· 图 6.9 周臣《辟纑图》 明 绢本设色 纵 31.5 厘米，横 159 厘米 天津博物馆藏

· 图 6.10 沈周《寿陆母八十山水图》 1482 年 纸本设色 纵 189.5 厘米，横 54.7 厘米 天津博物馆藏

· 图 6.11 沈周《东庄图》册之《西溪》 明 纸本设色 纵 28.6 厘米，横 33 厘米 南京博物院藏

· 图 6.12 沈周《写意》册之《乔木乌慈》 明 纸本水墨 纵 30.4 厘米，横 53.2 厘米 台北故宫博物院藏

· 图 6.13 沈周《盆菊幽赏图》 明 纸本设色 纵 23.4 厘米，横 86 厘米 辽宁省博物馆藏

· 图 6.14 沈周《扁舟诗思图》 明 纸本设色 纵 124 厘米，横 62.9 厘米 台北故宫博物院藏

· 图 6.15 沈周《西山雨观图》 1488 年 纸本水墨 纵 25.1 厘米，横 106 厘米 故宫博物院藏

· 图 6.16 佚名《明人画沈周半身像》 明 绢本设色 纵 71 厘米，横 52.5 厘米 故宫博物院藏

题字出处

- 沈：沈周《卧游》册之《雏鸡》（故宫博物院藏）落款
- 周：沈周《卧游》册之《雏鸡》（故宫博物院藏）落款
- 六：沈周《松石图》（故宫博物院藏）落款
- 记：沈周《夜坐图》（台北故宫博物院藏）自书题跋
- 引：沈周《草庵图》（上海博物馆藏）自书题跋
- 观：沈周《秋葵图》（台北故宫博物院藏）自书题跋
- 居：沈周《魏园雅集图》（辽宁省博物馆藏）自题诗
- 游：沈周《卧游》册（故宫博物院藏）自书题跋
- 友：沈周《京口送别图》（上海博物馆藏）落款
- 隐：沈周《为祝淇作山水图》（浙江省博物馆藏）自题诗
- 忧：沈周《京江送别图》（故宫博物院藏）自题诗
- 跋：沈周《卧游》册（故宫博物院藏）自书题跋

跋

沈周不仅是吴门画派的领袖，也是明中叶吴中文苑的首位盟主。明初“吴中四杰”（高启、杨基、张羽、徐贲）去世以后，吴中文坛沉寂近百年，直到成化、弘治间以沈周为首的文人集团崛起，吴中文坛才再度复兴，鼎盛期的“吴中四才子”（祝允明、唐寅、文徵明、徐祯卿）同出沈周门下，诗文创作、笔记杂谈、文学批评均引人注目，辉映一时。但随着沈周画名日隆，其诗名也渐为绘事所掩，正德间李东阳为其诗集作序时就指出“多以画掩其诗”，嘉靖间何良俊也说：“沈石田诗有绝佳者，但为画所掩，世不称其诗。”（《四友斋丛说》卷二十六）史书中的沈周列传，多以其人品高洁入“隐逸传”，或以其书画之能入“艺术传”，而均不载之“文苑传”中。明清时期对沈周画作的题跋品鉴不胜枚举，但诗文评价寥若晨星，尤其是到了清代，沈周的诗人身份几乎已被遗忘。

近代学术史意义上的沈周研究，也肇始自美术领域。民国间潘承厚编《沈石田年谱》，建国初郑秉珊著《沈石田》，两位作者均是画家出身，无论是生平编年还是作品阐释，更多是从艺术家视域出发对画家沈周进行研究。沈周亦是以其绘画艺术成就进入西方学术界的视野，1953 年艾瑞慈（Richard Edwards）以《石田：沈周艺术研究》（*The Field of Stones: A Study of The Art of Shen Chou*）获得哈佛大学博士学位，这是第一本以沈周为专题研究的博士论文，也是西方文化界关于沈周艺术研究的开端。截至目前，仅沈周美术专题研究的硕士、博士论文已有近百篇，专著如阮荣春《沈周》（吉林美术出版社 1996 年）、吴敢《沈周》（河北教育出版社 2003 年）、紫都等《沈周》（中央编译出版社 2004 年）、林家治《沈周》（河北教育出版社 2012 年）、娄玮《石田秋色：沈周家族的兴盛与衰落》（石头出版股份有限公司 2012 年）等，也多由美术史领域学者所撰写。

随着明代文学研究的推进，诗人沈周为学界重新关注。虽然最早两篇古代文学专业博士论文（吴敢《沈周书画编年考辨》，浙江大学 1999 年；陈根民《沈周交游及传世书画作品考辨》，浙江大学 2002 年）仍以书画、交游考证为主，但也表明沈周已被纳入古代文学研究的视野。21 世纪以来，明代吴中文坛成为研究热点之一，沈周文学研究的硕博论文与专著也开始增多，如吉增芳《沈周诗歌研究》（河南师范大学硕士论文 2012 年）、何丽娜《沈周诗词研究》（黑龙江大学博士论文 2013 年）、徐慧《雅聚——沈周文人圈研究》（国家图书馆出版社 2015 年）、夏金晓《沈周〈客座新闻〉研究》（华中师范大学硕士论文 2016 年）、何丽娜《沈周研究》（中国财政经济出版社 2017 年）、时文静《沈周山水诗意象研究》（安徽大学硕士论文 2019 年）等，沈周美术研究一枝独秀的局面逐步被打破。

毋庸讳言，受研究历史及现代学科划分的影响，目前的沈周研究在很大程度上仍被割裂为美术研究与文学研究两部分。这不仅是不同领域研究者在研究兴趣、关注视角上的不同，背后体现的是不同学术训练所带来的学术视野乃至研究思维上的差异。随着沈周研究的深化与细化，学科分野带来的遮蔽与局限也逐渐显现，研究越深，愈觉其弊。有鉴于此，华东师范大学中文系与美术学院于 2019 年 8 月联合举办了第一届沈周跨学科研究青年学者工作坊，来自北京大学、浙江大学、东南大学、中央美术学院、中国美术学院等高校的青年学者齐聚一堂，尝试不同学科间的对话交流，讨论内容涉及沈周绘画、书法、诗歌、笔记小说、文艺思想、生平交游、文献流传等多个方面，论文评议商榷，观点碰撞启发，切磋琢磨，获益良多。

会议间聊起沈周研究现状，我们一致觉得学院派看似高深的论著似乎很难引起普通读者的兴趣，何不合撰一本兼顾学术与通俗、美术与文学的小书呢？于是我们草拟题目，分章撰写，六人学术背景各不相同，六记行文风格不尽统一，最后呈现在大家面前的这本小书，就是尝试在打破学科间壁垒的学术征程上迈出的第一步。“沈周研究青年学者工作坊”会持续举办下去，也希望更多的青年学者加入我们的团队中，我们会定期举办学术活动，推出相关著作，为沈周跨学科研究贡献一份年轻的力量。

汤志波

2020 年 4 月 20 日

知 · 趣丛书

名士派：世说新语的世界　　徐大军　著

从“山贼”到“水寇”：水浒传的前世今生　　侯　会　著

梦断灵山：妙语读西游　　苗怀明　著

探骊：从写情回目解味红楼梦　　刘上生　著

所思不远：清代诗词家生平品述　　李让眉　著

梨园识小录　　陈义敏　著

志怪于常：山海经博物漫笔　　刘朝飞　著

儒林外史人物论　　陈美林　著

沈周六记　　汤志波　秦晓磊　主编

史记八讲　　史杰鹏　著

敦煌的民俗与文化　　谭蝉雪　著　李芬林　编

拾画记　　任淡如　著

神魔国探奇　　刘逸生　著

明人范：生活的艺术　　袁灿兴　著

寻幽殊未歇：从古典诗文到现代学人　　杨　焄　著